KÖNIGS FURT

Über dieses Buch

Spanien, ein Land der Maler und Dichter, ein Land der widersprüchlichsten Landschaften und Kulturen, sonnendurchflutet mit Wüste und Meer. Andalusien, der wohl schönste Landstrich Spaniens.

Diese Märchen erzählen von der kulturellen Vielfalt des Landes und seiner Überlieferungen. Sie bezaubern uns mit ihrer Kraft und Lebensfreude wie Geschichten aus Tausendundeiner Nacht.

Über den Herausgeber

Frederik Hetmann (Hans-Christian Kirsch), 1934 in Breslau geboren, 2006 in Limburg verstorben, war und ist einer der wirkungsreichsten, zuverlässigsten und vielseitigsten Märchenexperten der Gegenwart. In vielen Ländern hat er Feldforschung betrieben: in Archiven und Bibliotheken oder aber ausgestattet mit altmodischen Diktiergeräten, etwa zur Aufnahme von Erzählern tief im Süden der USA. Oder unterwegs mit Pferd und Planwagen irgendwo im Westen Irlands.

Für seine Veröffentlichungen wurde er mehrfach ausgezeichnet.

Spanische Märchen

zum Erzählen und Vorlesen

Herausgegeben von
Frederik Hetmann

Königsfurt

Ungekürzte Sonderausgabe des Titels »Der verzauberte Feigenbaum. Andalusische Märchen« von Frederik Hetmann, 2002

Bibliographische Information der Deutschen Nationalbibliothek

Die Deutsche Nationalbibliothek verzeichnet diese Publikation in der Deutschen Nationalbibliographie; detaillierte bibliographische Daten sind im Internet über http://dnb.d-nb.de abrufbar.

Sonderausgabe
Krummwisch bei Kiel 2007

D-24796 Krummwisch
www.koenigsfurt.com

Umschlaggestaltung: Stefan Hose, Götheby-Holm,
unter Verwendung eines Motivs von Lo Scarabeo, Turin
Satz: Noch & Noch, Balve
Druck und Bindung: cpi-Moravia
Printed in EU

ISBN 978-3-89875-193-3

Inhalt

»Märchenschätze«

Warum heute Märchen lesen?

Das Interesse an Märchen hat seine Höhen und Talsohlen. Unabhängig davon gibt es Menschen, die Märchen einfach immer lieben. Warum?

In einer Zeit, da die Reklame die Phantasie kommerziell besetzt und als Gefangene hält, begegnen wir im Märchen noch echter Phantasie, den Urphantasien der Menschheit. In einer Zeit, da Unkenntnis des Abweichenden zu Furcht, Fremdenhaß und Gewalttätigkeit führt, läßt uns das Märchen das Andere eines fremden Landes, einer anderen Kultur besser verstehen.

Wir reisen mehr als die Generationen vor uns – aber wissen wir auch mehr von den Ländern, die wir bereist haben? Von der Eigenart ihrer Menschen, von ihrer Kultur?

Kluge Touristen, die die Dimensionen ihrer Wahrnehmungen erweitern wollten, hatten immer Märchenbände in ihrem Reisegepäck oder verlängerten sich die Freuden eines Urlaubs in der Toskana oder in Mexiko, indem sie sich hinterher einen Märchenband des betreffenden Landes vornahmen.

Was mich persönlich an Märchen immer wieder begeistert, ist, daß sie, je nachdem, wie wir es betrachten, höchst einfache, unkomplizierte, sofort einleuchtende Geschichten mit einem hohen Unterhaltungswert und großem poetischen Zauber sind. Denkt man aber etwas genauer über das nach, was man da gelesen oder gehört hat, so stellt sich heraus, daß das Märchen die Eigenschaft besitzt, Weisheit über viele Generationen hin in sich aufzunehmen, in Handlung umzusetzen und als Botschaft für den, der Augen hat zu sehen und Ohren hat zu hören, zu übermitteln – ohne erhobenen Zeigefinger, gewissermaßen mit sanfter Gewalt.

Warum sind unsere Träume Märchen so ähnlich? Weil sie eine Verwandtschaft mit den Märchen haben, weil auch in das Märchen die Fähigkeit eingeschlossen ist, unsere individuellen Probleme besser zu verstehen, indem wir begreifen, daß es Probleme sind, die mit unserem Sein als Menschen zusammenhängen. Das kann trösten, stärken, Rat geben.

Ich bin froh, daß es der Königsfurt Verlag unternimmt, all jene Märchen, die ich im Laufe meines Lebens in Ländern, die ich bereiste und deren Kultur ich erkundete, gesammelt habe, in neuen Ausgaben wieder herauszubringen.

Märchen zu übersetzen, zu edieren, vorzulesen oder zu erzählen bedeutet auch, andere an dem teilhaben zu lassen, was man als seinen besonderen individuellen Schatz ansieht.

Die Schatztruhe ist geöffnet ...!

Frederik Hetmann

Blancaflor oder die Tochter des Teufels

Es waren einmal ein König und eine Königin, die nach ihrer Heirat lange ohne Nachkommenschaft blieben. Die Königin ging jeden Tag hin und her und bat Gott, ihr doch einen Sohn, zu schenken, bis sie sich nach zwanzig Jahren dann schließlich an den Teufel wandte.

Der König ging alle Tage zur Jagd in den Wald, aber so viele Tiere ganz allein zu jagen, machte ihm keinen Spaß. Also sagte er zu seiner Frau: »Den ersten Sohn, den wir bekommen, verspreche ich dem Teufel.«

Endlich schenkte ihnen Gott einen so schönen Sohn, wie es keinen zweiten auf der Welt gab. Er war auch so stark, daß er schon mit drei Jahren mehr Tiere auf der Jagd erlegte als sein Vater.

Er war aber auch ein großer Spieler und gewann gegen alle Welt. Eines Tages begegnete er einem Reiter, das war der Teufel. Der schlug ihm vor, mit ihm zu spielen, und der Teufel ließ ihn alles Geld gewinnen. Sie trafen sich wieder am folgenden Tag, und diesmal gewann der Teufel und zwar alles Geld, das der Königssohn besaß.

Darauf fragte er ihn, ob er vielleicht nun seine Seele einsetzen wolle, und der Königssohn stimmte zu. Sie spielten, und der Teufel gewann die Seele.

Der Teufel sprach zu dem Jungen, wenn er seine Seele wiederhaben wolle, so möge er auf sein Schloß kommen und dort drei Arbeiten verrichten, die er ihm auftragen werde. Zu dieser Zeit war der Königssohn zwanzig Jahre alt, und er sagte zu seinem Vater:

»Vater, gib mir ein Pferd und etwas Mundvorrat. Ich will ausreiten.«

Der Vater gab ihm das beste Pferd, das er im Stall hatte. Die Mutter bereitete ihm etwas zu essen, hörte aber nicht auf zu weinen. Und als der Sohn sie fragte, warum sie denn ständig weine, erzählte sie ihm, daß sie einst Gott um einen Sohn gebeten habe, der aber habe ihren Wunsch nicht erfüllt, da habe sie sich schließlich an den Teufel gewandt, deshalb habe dieser nun Gewalt über ihn. Der Sohn sagte ihr, sie solle sich keine Sorgen machen und ritt fort.

Unterwegs begegnete er einer armen alten Frau, die bat ihn um ein Stückchen Brot. Der Junge gab ihr alles, was er bei sich trug. Da fragte sie ihn: »Wohin gehst du?«

»Ich gehe zum Schloß des Teufels.«

»Dann gute Verrichtung«, sprach die Alte. »Ich will dir etwas sagen: Nahe dem Schloß kommst du an einen Fluß. Dort baden jeden Tag drei Tauben. Das sind die Töchter des Teufels. Wenn du den Fluß erreichst, werden sie gerade wieder baden. Nimm die Kleider der Kleinsten fort. Sie heißt Blancaflor. Gib sie ihr nicht wieder, ehe sie nicht dreimal darum gebeten und dir Hilfe bei allem, was du brauchst, versprochen hat.«

»Und wie komme ich an diesen Fluß?« fragte der Prinz.

»Im nächsten Dorf lebt die Herrin der Vögel. Sie ist die Schwester der Sonne und des Mondes. Frage sie nach dem Weg.«

Der Prinz ging weiter und kam schließlich an das Haus der Vögel. Er klopfte an die Tür, da kam eine Hexe heraus, die sprach: »Wer hat dich denn hierher geschickt?«

»Ich suche das Schloß des Teufels und bin zu Euch gekommen, damit Ihr mir sagt, wo es liegt.«

»Ha, das weiß ich auch nicht. Aber einer meiner Vögel, die in allen Teilen der Welt herumkommen, wird es wohl wissen. Heute abend, nachdem die Sonne untergegangen ist, kommen sie, und wir werden sie fragen. Aber verkriech dich dort in die Ecke, damit dich nicht mein Bruder, der Sonnenball, mit seinen Strahlen versengt, und auch meine Schwester, die Mondfrau, dich nicht entdeckt.«

Da kam der Sonnenball und schrie: »Ich rieche Menschenfleisch! Und wenn du mir den Menschen nicht gibst, werde ich dich töten.«

Darauf erwiderte die Hexe: »Ach, spiel dich nicht so auf. Das ist nur ein armer Bursche, der zum Schloß des Teufels will. Er wartet hier auf die Vögel, um sie zu befragen.«

Danach kam die Mondfrau herein und auch sie sagte: »Ich rieche Menschenfleisch. Wenn du den Kerl nicht herausrückst, werde ich dich töten.

»Ach, laß doch, das ist ein armer Bursche, der zum Schloß des Teufels will. Er wartet hier nur auf die Vögel, um sie zu fragen, wo es liegt.«

Nun, endlich kamen auch die Vögel aus allen Teilen der Welt, aber keiner hatte je etwas von einem Schloß des Teufels gehört.

Da sagte die Hexe: »Jetzt bleibt nur noch der lahme Adler. Er ist immer der letzte.«

Endlich kam er. Sie befragte ihn, und er antwortete: »Ja, ich glaube, ich weiß, wo es liegt, nämlich auf der anderen Seite des Meeres.«

»Könntest du den Jungen dorthin bringen?« fragte die Hexe den Adler.

»Es ist wirklich sehr weit«, erwiderte der Vogel, »und ich brauche viel Futter, wenn ich das Meer überqueren soll. Zumindest ein ganzes Pferd muß vorhanden sein, und davon muß mir immer wieder ein Stück in den Schnabel gestopft werden, wenn ich es verlange.«

Der Prinz sagte, dann werde er sein Pferd töten und es unterwegs an den Adler verfüttern. Also tötete er das Tier und stieg auf den Rücken des Adlers. Der Vogel aber erhob sich in die Lüfte. Nach einiger Zeit sagte der Adler:

»Prinz, ich will Fleisch!«

Der Prinz gab ihm ein Stück von dem Pferd. Aber es dauerte nicht lange, da hatte der Adler alles Fleisch verzehrt, und immer noch hatten sie das Meer nicht ganz überquert. »Ja«, sprach der Vogel, »wenn das so ist, muß ich dich jetzt leider abwerfen.«

»Nein, warte«, rief der Prinz, »in diesem Fall werde ich mir ein Stück von meinem eigenen Fleisch abschneiden und es dir geben.«

Der Adler hatte Mitleid. Er sagte: »Nein, das sollst du nicht. Ich werde mich anstrengen und dich nahe an den Fluß bringen, an dem das Schloß liegt.«

Und so geschah es. Als der Prinz dort ankam, traf er tatsächlich die drei Töchter des Teufels beim Baden an, und er nahm die Kleider der Jüngsten weg und versteckte sie. Die beiden Ältesten kamen aus dem Wasser, kleideten sich an und flogen als Tauben davon.

Die Jüngste, die die Schönste von allen war, näherte sich dem Jungen und bat ihn, ihre Kleider herauszugeben: Er aber sprach: »Du kannst deine Kleider haben, aber dann mußt du mich heiraten.«

»Gut«, antwortete Blancaflor, denn so hieß sie tatsächlich, »ich wußte schon, daß du kommen würdest. Nimm diesen Ring hier.«

Der Prinz gab ihr ihre Kleider wieder. Sie nahm sie, und augenblicklich verwandelte sie sich in eine Taube.

»Steige auf meinen Rücken«, forderte sie den Prinzen auf. »Wir wollen zu meinem Schloß fliegen.«

Als sie dort ankamen, trat der Teufel heraus und stellte dem Prinzen die erste Aufgabe: »Morgen«, sprach er, »gehst du zu jenem Bergabhang dort. Du mähst, drischst und mahlst den Weizen und bringst mir das daraus gebackene Brot.«

Der Junge nahm sich die Sense und machte sich auf den Weg ins Gebirge. Als er dort ankam, sah er nichts als lauter Steine. Da begann er zu weinen. Er weinte, und als er sich die

Tränen abwischen wollte, berührte er mit dem Ring seine Augen. Da stand plötzlich Blancaflor vor ihm.

»Was ist mit dir?« fragte sie ihn.

»Ach nichts«, sagte er und erzählte ihr, was ihr Vater von ihm verlangt hatte.

»Leg deinen Kopf in meinen Schoß und schlafe.«

Als der Junge aufwachte, war das Brot schon fertig. Er brachte es dem Teufel, und der sagte:

»Sehr gut. Aber hätte dir Blancaflor nicht geholfen, du wärest ein armer Teufel wie ich. Heute sollst du auf jenem Feld dort hinten einen Weinberg pflanzen und am Nachmittag mir schon die Trauben bringen.«

Wieder ging alles so wie beim ersten Mal. Der Prinz weinte. Blancaflor erschien. Sie hieß den Prinzen sich schlafen legen, und als er aufwachte, stand da schon der Korb voller Trauben, den trug er zum Teufel und der sprach: »Sehr gut, aber hätte dir Blancaflor nicht geholfen, wärest du ein armer Teufel wie ich. Die Hauptsache steht dir noch bevor. Einst spazierte eine Tortenbäckerin durch die Straße von Gibraltar. Sie ließ einen Ring ins Meer fallen. Ich will, daß du ihn suchst und ihn mir bringst.«

Abermals war Blancaflor zur Stelle, und als sie gehört hatte, was ihr Vater von dem Prinzen verlangte, sagte sie:

»Nun, diesmal mußt du mich mit diesem Messer töten und mein Blut in dieser Flasche auffangen. Nicht ein Tropfen darf verlorengehen. Danach wirf mich ins Meer und spiele in einem fort Gitarre.«

»Aber ich kann dich doch nicht töten«, rief der Junge.

Sie aber sagte, doch, genau das müsse er tun. Der Junge tat alles so, wie sie es ihm aufgetragen. Es fiel aber doch ein Tropfen ihres Blutes auf den Boden. Er spielte auf der Gitarre, und nach einer Weile stieg das Mädchen mit dem Ring im Mund aus dem Wasser, und sie war nun noch schöner als je zuvor. Es fehlte nur ein Stückchen von ihrem Finger, eben weil der Prinz einen Tropfen Blut verloren hatte. Der Prinz gab den Ring dem Teufel und dieser sagte wieder:

»Ja, wenn dir Blancaflor nicht geholfen hätte, wärest du so ein armer Teufel, wie ich es bin. Gut … Ihr dürft heiraten. Aber es wird keine Hochzeit geben, und ihr dürft nicht zusammen schlafen. Und sobald es Nacht wird, mußt du, ohne die Mädchen zu sehen, herausfinden, welche von ihnen Blancaflor ist. Wenn dir das nicht gelingt, töte ich dich, obwohl du all die anderen Aufgaben schon erledigt hast.«

Als es Nacht geworden war, sperrte der Teufel seine Töchter in ein Zimmer, und die Tür blieb nur einen Spalt offenstehen, die Mädchen aber ließen durch den Spalt ihre Finger sehen, und nun sollte der Prinz die Richtige herausfinden. Bei Blancaflor fehlte an dem einen Finger ein kleines Stückchen. Daran erkannte der Prinz sie.

Er wollte, obwohl der Teufel es verboten hatte, nun mit ihr zu Bett gehen, aber Blancaflor sprach: »Wenn mein Vater merkt, daß wir miteinander schlafen, wird er uns töten. Es bleibt uns nichts anderes übrig, als zu fliehen. Geh in den Stall. Dort wirst du zwei Pferde finden. Das eine ist kräftig und hübsch. Es heißt ›Wind‹. Das andere ist dürr und häßlich. Es heißt ›Gedanke‹. Du mußt das zweite der beiden Pferde nehmen, dazu auch noch einen rostigen Degen, der im Schrank neben einem anderen, neuen und glänzenden, liegt.«

Der Prinz aber meinte, als er in den Stall kam, es sei doch wohl besser, das dicke Pferd und den neuen Degen zu nehmen, und das tat er denn auch.

Blancaflor hatte auf das Bett ein paar Tropfen Wein fallen lassen und in ein Glas etwas Speichel getan. Das eine oder das andere antwortete jedes Mal, wenn der Teufel von der anderen Seite der Tür her etwas fragte. Aber langsam trockneten sie ein, und so wurden die Stimmen immer schwächer, bis der Teufel meinte, das Paar sei eingeschlafen. Da ging er hinein, um sie zu töten und entdeckte, daß sie nicht mehr da waren.

»Dieses Pferd ist der Wind. Du hast das falsche Pferd genommen«, rief Blancaflor, als sie sich mit dem Prinzen traf. »Fort, nur fort, oder wir sind verloren!«

Als der Teufel nun merkte, daß sie entkommen waren, fing er das Pferd, das ›Gedanke‹ hieß, und setzte ihnen nach.

Als er sie eingeholt hatte, verwandelte er sich in ein Raubtier, um sie aufzufressen. Der Junge sah ihn kommen. Da sprach er zu Blancaflor. »Da kommt ein wildes Tier. Das will uns fressen!«

Da zog sie ein Haar aus dem Schwanz des Pferdes. Aus dem einen Haar aber wurde ein ganzes Gestrüpp von Haaren, und der Teufel brauchte eine ganze Zeit, um da hindurchzukommen.

Als er sie abermals fast eingeholt hatte, sagte Blancaflor: »Nimm dieses Taschenmesser und wirf es hinter dich.«

Der Prinz tat, wie ihm geheißen, und aus dem Messer wurde ein ganzer Wald von Messern, und wieder wurde der Teufel aufgehalten, und wie er sich durch den Messerwald mühte, holte er sich viele schmerzhafte Wunden.

Danach holte er sie wieder ein, und diesmal gab das Mädchen dem Prinzen eine Prise Salz und hieß ihn, diese hinter sich zu werfen.

Das Salz verwandelte sich in einen Salzberg.

Als der Teufel sich hindurchmühte, brannte das Salz in den Wunden, die er sich durch die Messerklingen geholt hatte, und er stieß einen Schrei aus, daß das ganze Land erzitterte.

Danach verwandelte sich das Pferd in eine Einsiedelei, Blancaflor in einen Spiegel, der Prinz in einen Einsiedler. Als der Teufel nun herankam, fragte er, ob der Einsiedler ein junges Paar auf einem Pferd gesehen habe. Der Eremit antwortete: »Klingelzug, Klingelzug. Es ruft die Glocke zur Messe. Wenn Ihr vielleicht eintreten wollt!«

Er hörte nicht auf, diesen Satz zu rufen, bis der Teufel müde wurde und umkehrte. Als er auf sein Schloß zurückkam und er von seinen Abenteuern erzählte, sprach die Teufelin zu ihm:

»Du Dummkopf. Der Spiegel und der Einsiedler: das waren doch gewiß die beiden.«

Und der Teufel sprach: »Möge Gott es so einrichten, daß der Prinz unsere Tochter vergißt.«

Der Prinz aber und die Tochter des Teufels setzten ihre Reise zum Schloß des Königs fort.

Als sie zum Dorf kamen, das in der Nähe des Schlosses seiner Eltern lag, ließ der Junge das Mädchen an einem Brunnen zurück und hieß es dort auf ihn warten.

»Hüte dich davor, irgend jemanden zu umarmen. Denn wenn du das tust, wirst du mich verlieren«, sprach sie zu ihm.

Der Prinz kam auf das Schloß. Seine Eltern kamen ihm entgegen, und er sprach zu ihnen: »Daß keiner mich umarmt. Laßt eine Kutsche bereitmachen, damit ich meine Frau heimholen kann.«

Da kam die alte Großmutter herbei, und da sie sich so sehr freute, fiel sie dem Jungen um den Hals. Sogleich vergaß er Blancaflor.

Blancaflor wurde es müde zu warten. Sie konnte sich schon vorstellen, was da geschehen war. Sie verwandelte sich in eine Taube und begann, um das Schloß herumzufliegen. Dabei gurrte sie: »Arme, die ich bin. Auf dem Feld und ganz allein!«

Und die Königin sprach zu ihrem Sohn: »Hast du nicht gesagt, du brauchtest eine Kutsche, um deine Frau heimzuholen?«

»Welche Frau denn?«, antwortete der Prinz, »ich bin doch gar nicht verheiratet.«

Nach einiger Zeit suchte sich der Prinz eine andere Verlobte und traf Vorbereitungen für seine Hochzeit. Blancaflor hörte davon, denn sie hatte sich inzwischen als Magd auf dem Schloß verdingt. Nun war es zu dieser Zeit üblich, daß derjenige, der heiratete, dem Gesinde etwas schenkte. Da fragte der Prinz die Magd, die Blancaflor war: »Und was für ein Geschenk wünschst du dir?«

»Einen Stein der Schmerzen und ein Messer der Liebe«, antwortete sie.

Der Prinz unternahm eine Reise, um diese Geschenke zu beschaffen, aber nirgends konnte er einen Stein der Schmerzen oder ein Messer der Liebe auftreiben.

Endlich traf er einen alten Mann, der in Wirklichkeit der Teufel war, und der sprach zu ihm: »Von mir kannst du bekommen, was immer du brauchst.«

»Ich brauche aber einen Stein der Schmerzen und ein Messer der Liebe.«

»Kein Problem«, sagte der Alte und verkaufte ihm die beiden Dinge.

Der Prinz kehrte auf das Schloß zurück. Er gab allen ihre Geschenke, aber da er sich wunderte, warum die Magd gerade diese beiden Dinge hatte haben wollen, nahm er sich vor, bei ihr besonders aufzupassen, was sie damit machen werde.

Blancaflor nahm die Geschenke und legte sie auf den Tisch. Dann sprach sie zu dem Stein:

»Stein der Schmerzen, war ich es, die am Berghang den Weizen gemäht, ihn gemahlen und das Brot daraus gebacken hat, damit der Prinz es zu meinem Vater tragen konnte?«

Und der Stein antwortete: »Ja, freilich bist du das gewesen.«

Da dämmerte dem Prinzen etwas. Aber die Tochter des Teufels sprach weiter:

»Stein der Schmerzen, bin ich es nicht gewesen, die das Feld mit Weinstöcken bepflanzt und die Trauben gepflückt hat, damit der Prinz sie zu meinem Vater bringen konnte?«

Und der Stein antwortete: »Ja, freilich hast du das getan.« Jetzt fiel dem Prinzen alles wieder ein.

Da sagte Blancaflor: »Messer der Liebe, was verdiene ich?«

Und das Messer sprach: »Daß du dir den Tod gibst, Blancaflor!«

Als sie nun das Messer nahm und sich umbringen wollte, trat der Prinz rasch hinzu, nahm ihr das Messer fort und sprach: »Verzeih mir, Blancaflor. Verzeih mir, daß ich, der ich dein Ehemann bin, dich vergessen habe.«

Und dann sagte er allen, daß Blancaflor seine Frau sei.

Juan der Bär

Vor langer Zeit lebte in einem Dorf ein Mädchen, das dazu angestellt war, die Kühe zu hüten. Eines Tages nun verlor das Mädchen eines der Tiere und suchte es überall. Dabei geriet es auf einen weit abgelegenen Berg. Dort begegnete sie einem Bären, der fing das Mädchen und trug es in seine Höhle.

Nachdem sie einige Zeit mit dem Tier zusammengelebt hatte, bekam sie einen Sohn. Der Bär aber ließ weder die Mutter noch den Sohn aus der Höhle.

Wenn das Tier ausging, um etwas zu essen zu holen, nahm es einen großen Stein und verschloß den Eingang. Aber der Junge wuchs heran und wurde immer stärker.

Als er zwölf Jahre alt war, hob er den riesigen Stein auf, der vor dem Eingang lag, und konnte darauf mit seiner Mutter entkommen.

Gerade als sie fortlaufen wollten, erschien der Bär. Da hob der Junge den Stein noch einmal auf, schleuderte ihn gegen den Bär und tötete das Tier.

Die Mutter kehrte mit ihrem Sohn ins Dorf zurück und nannte den Jungen von nun an »Juan«.

Er kam in die Schule, aber dort prügelte er sich mit den anderen Kindern, bis der Lehrer ihn gehörig ausschimpfte. Schließlich sagten die Leute aus dem Dorf zu der Mutter, ihr Sohn müsse das Dorf verlassen.

»Na gut«, sagte sie, »wenn ihr ihn nicht mögt, ist es wirklich besser so.«

Juan aber bat seine Mutter, ihm eine schwere Keule zu kaufen. Sie kam seinem Wunsch nach. Es war eine ungewöhnlich schwere Keule. Sie war so schwer, daß sie von einem Schmied mit vier Maultieren herbeigeschleppt werden mußte. Juan aber nahm sie auf die Schulter, als sei sie federleicht, und ging damit davon.

Unterwegs traf Juan einen Mann, der riß Fichten aus. Er fragte ihn: »Wer bist du?«

»Ich bin der Fichtenausreißer. Und wer bist du?«

»Ich bin Juan, der Bär. Ich ziehe mit dieser Keule durch die Welt und tue, was mir gefällt. Sag mir, wieviel zahlt man dir für das Fichtenausreißen.«

»Sieben Reales«, erwiderte der Fichtenausreißer.

»Gut, dann zahl ich dir acht, wenn du mit mir kommst.« Sie gingen zusammen ein Stück weiter. Da begegneten sie einem Menschen, der drückte doch tatsächlich mit seinem Hintern ganze Gebirge platt.

»Wer bist du denn?« fragte Juan.

»Ich bin der Gebirgeplattmacher. Und du?«

»Ich bin Juan, der Bär. Und das hier ist der Fichtenausreißer. Sag mir, wieviel zahlen sie dir hier für deine Arbeit?«

»Acht Reales«, erwiderte der Gebirgeplattmacher.

»Gut«, sagte Juan, »dann zahle ich neun.« Darauf zogen die drei zusammen weiter.

Als es Nacht wurde, kamen sie in einen Wald und suchten dort nach etwas zu essen.

Den Gebirgeplattmacher aber ließen sie an einer bestimmten Stelle zurück, damit er dort ein Feuer anzünde. Aber jedesmal, wenn es gut brannte, kam ein Zwerg und löschte es wieder aus.

Da sprach der Mann zu dem Wicht: »Wenn du das noch einmal machst, schlage ich dich tot.«

»Du gefällst mir, mein Lieber«, sagte der Zwerg, »weißt du nicht, daß dies hier mein Haus ist?« Er griff sich einen Stock und verabreichte damit dem Gebirgeplattmacher eine gehörige Tracht Prügel, verunreinigte die Töpfe, die für das Kochen schon bereitstanden, und verschwand.

Als die beiden anderen Männer zurückkamen, waren sie nicht wenig erstaunt, als sie hörten, was sich da zugetragen hatte.

Kaum brannte das Feuer wieder, war auch schon wieder dieser Wicht zur Stelle und rief: »Habe ich dir nicht schon einmal gesagt: Dies hier ist mein Haus!«

Und ohne lange zu warten, versetzte er dem Fichtenausreißer eine gehörige Tracht Prügel, löschte das Feuer, verschmutzte die Töpfe und wollte verschwinden. Aber Juan hob seine große Keule und ging auf den Wicht los, und schon nach zwei Schlägen wurde es dem Zwerg bewußt, daß es wohl besser sei, sich zu ergeben. Durch die Schläge war er seines einen Ohres verlustig gegangen. Er reichte es Juan und sagte: »Solltest du jemals in Not geraten, dann hol dieses Ohr hervor, und es wird dir geholfen werden.«

Die drei Männer gingen weiter, und als sie in ein Gebirge kamen, in dem sehr viele Fichten standen, bekam Juan großen Durst und sagte zu seinen Kameraden: »Nun zeigt einmal, was ihr könnt. Zuerst du, Fichtenausreißer. Reiß alle Bäume aus! Darauf du, Gebirgeplattmacher! Drücke die Gebirge platt. Und ich werde für uns alle einen Brunnen graben.«

So geschah es. Im Nu waren all die Bäume ausgerissen, und der andere hatte die Berge so platt gedrückt wie die Innenfläche einer Hand. Jetzt griff Juan zu seiner schweren Keule, und mit einem Schlag teilte er das Erdreich. Auf diese Weise entstand ein sehr tiefer Brunnen.

Die drei Männer blickten hinein, aber der Brunnen war so tief, daß sie nichts als Dunkelheit sahen.

»Da muß etwas geschehen!« rief Juan aus. »Lassen wir ein Seil hinab. Der Fichtenausreißer soll sich daran hinunterlassen. Wir geben ihm ein Glöckchen mit. Damit soll er läuten, wenn er es dort unten nicht mehr aushält oder in Gefahr gerät.«

Zuerst stieg also der Fichtenausreißer hinab. Er ließ sich schnell wieder heraufziehen, denn dort unten war es scheußlich kalt. Als Nächster seilte sich der Gebirgeplattmacher ab. Als er heraufkam, behauptete er, ihm sei es dort unten einfach zu heiß. Schließlich glitt Juan selbst am Seil hinunter.

Er kam unten an drei Türen.

Als er eine davon öffnete, erschien ein Mädchen. Juan fragte sie, wer sie sei und wie sie hierher gelangt sei.

Darauf antwortete sie: »Ich bin eine Prinzessin, die von einem Riesen verzaubert wurde, als ich einen Apfel aß, den ich in einem Garten des Palastes gepflückt hatte. Es war mir aber eigentlich verboten worden, diesen Garten auch nur zu betreten. Plötzlich öffnete sich die Erde, und ich stürzte in die Tiefe. Wie ich kannst auch du von hier nicht mehr fort.«

»Das wollen wir doch sehen«, erwiderte Juan.

Kaum hatte er das gesagt, als ein wildes Tier zur Tür hereinstürmte und zornig auf ihn zurannte. Juan hob seine Keule, und mit einem Schlag zerschmetterte er dem Biest den Schädel. Da sprang eine zweite Tür auf, und es erschien eine Schlange. Auch sie tötete Juan. Schließlich öffnete sich die dritte Tür, und hervor trat ein Riese, der brüllte: »Ich rieche Menschenfleisch. Widerwärtig. Wie konntest du es wagen, mein Haus zu betreten?«

Die beiden begannen zu kämpfen, und Juan verabreichte dem Riesen eine solche Tracht Prügel, daß dieser zu Boden stürzte.

Nun läutete Juan das kleine Glöckchen, das auch er mitgenommen hatte, um den anderen damit ein Zeichen zu geben, sobald er heraufgezogen werden wollte. Zuerst wurde die Prinzessin hinaufgezogen. Aber als sie oben war, warfen der Fichtenausreißer und der Gebirgeplattmacher den Strick nicht mehr hinab in den Schacht, sondern machten sich mit der Prinzessin davon.

Nachdem Juan lange vergebens das Glöckchen geläutet hatte, wurde ihm klar, daß die beiden anderen ihn betrogen hatten.

Da erinnerte er sich, was der Zwerg ihm geraten hatte zu tun, wenn er sich jemals in einer aussichtslosen Lage befinde, und seine Lage hier war wirklich aussichtslos!

Er zog das Ohr aus der Tasche.

Sofort erschienen viele Zwerge, die alle anboten, ihm zu helfen. Sie holten ihn nicht nur aus dem Brunnenschacht, sie beschafften ihm auch neue Kleider und ein gutes Pferd, und auf dem ritt er zum Königsschloß.

Dort wollte der König gerade die Prinzessin dem Fichtenausreißer oder dem Gebirgeplattmacher zur Frau geben, denn beide behaupteten, sie hätten das Mädchen befreit, und in gewisser Hinsicht war das nicht einmal gelogen.

Alle Welt wartete auf die Entscheidung, denn die Hochzeit sollte mit einem großen Fest gefeiert werden. Nur die Prinzessin war traurig.

Juan mischte sich unter die Leute, aber die Prinzessin erkannte ihn nicht, weil er die neuen Kleider trug, die ihm die Zwerge gegeben hatten.

Endlich trat er vor die Prinzessin hin und wies einen Ring vor, den sie ihm geschenkt hatte. Davon hatten der Fichtenausreißer und der Gebirgeplattmacher nichts gewußt. Nun ging es ihnen an den Kragen. Sie wurden bestraft. Juan und die Prinzessin aber feierten Hochzeit und lebten glücklich und aßen Rebhühner. Aber mir haben sie nichts davon abgegeben, weil sie selbst alles aufessen wollten.

Die drei Wunder der Welt

Es war einmal ein König, der hatte drei Söhne. Als er alt und krank wurde, erklärten ihm die Ärzte, er könne nur genesen, wenn jemand ihm die drei Wunder der Welt herbeischaffe.

Der älteste Sohn sagte: »Vater, laß mich es versuchen.«

Und der Vater antwortete: »Nein, Sohn, das kann nicht sein. Du bist derjenige, der einmal die Krone erben wird.«

Der junge Mann gab aber so lange keine Ruhe, bis der Vater einwilligte und er sich auf die Suche begeben konnte. Als der älteste Sohn nach den drei Wundern der Welt ausschaute, kam er an einer Höhle vorbei, in der wohnten Diebe; die griffen sich ihn, zerrten ihn in die Höhle und hielten ihn dort gefangen.

Als nun der Älteste nach ziemlich langer Zeit noch nicht heimgekehrt war, sagte der Nächste: »Vater, mein Bruder kommt nicht zurück. Laßt mich ziehen und schauen, ob ich ihn finden und für Euch die drei Wunder der Welt mitbringen kann.«

Der Vater sagte: »Nein, mein Sohn, das kann nicht sein. Da dein Bruder nicht heimgekehrt ist, bist du derjenige, der einmal das Reich regieren wird.«

Aber der Mittlere bettelte so lange, bis der Vater auch ihm schließlich erlaubte, in die weite Welt zu ziehen.

Er sah sich hier und da um. Aber dann geschah mit ihm dasselbe wie mit dem Ältesten. Er kam zu eben dieser Höhle. Die Diebe griffen sich ihn und zerrten ihn hinein, und er traf seinen Bruder, den sie dort schon gefangenhielten.

So manches Jahr ging ins Land. Die beiden ältesten Prinzen waren immer noch nicht heimgekehrt, da trat der Jüngste vor den Vater hin und sprach: »Vater, meine beiden Brüder sind verschollen. Erlaubt mir, daß ich nach ihnen suche und schaue, ob ich nicht für Euch die drei Wunder der Welt finde.«

»Unmöglich«, antwortete ihm der Vater. »Jetzt, da du es bist, der die Krone erben wird, lasse ich dich nicht in die weite Welt ziehen.«

Der Jüngste bat und bettelte. Er sagte, König könne er immer noch werden, wenn seine Brüder nicht heimkämen und der Vater an seiner Krankheit sterben werde. Für einen angehenden König sei es gewiß von Nutzen, wenn er zuvor viel von der Welt gesehen habe.

Dagegen ließ sich schwer etwas einwenden, und also ließ der Vater am Ende auch den Jüngsten ziehen.

Er wanderte lange, ehe er eine Höhle erreichte, das war die Höhle der Luft. Eine alte Frau kam heraus. Das war die Mutter der Luft, und sie sprach zu ihm: »Sag mir, wer hat dich diesen Weg geschickt?«

Er antwortete: »Ich bin auf der Suche nach den drei Wundern der Welt.«

Und die alte Frau rief: »Sohn, da kommt der, welcher die drei Wunder der Welt sucht, um seinen Vater zu heilen.«

Und die Luft sprach: »Ich kann ihm dabei nicht helfen. Er soll weiterziehen. Nur mein Bruder, der Sonnenmann, dessen Strahlen überall hinreichen, kann so etwas wissen. Er soll meinem Bruder, dem Sonnenmann, sagen, ich hätte ihn geschickt, und er möge ihm doch bitte helfen, die drei Wunder der Welt zu finden.«

Am nächsten Tag brach der Junge zur Höhle der Sonne auf.

Nachdem er viele Tage und Nächte gelaufen war, erreichte er diesen Ort und bat um ein Nachtquartier. Da kam wieder eine alte Frau heraus und sprach zu ihm: »Wer hat dich diesen Weg geschickt?«

Und er antwortete. »Ich bin ausgezogen, um die drei Wunder der Welt zu finden und um meinen Vater wieder gesund zu machen. Und bei der Luft war ich schon. Dort hieß es, der Sonnenmann solle mir den Weg weisen.« Da hieß ihn die alte Frau, sich in einer Kiste verbergen, und sprach zu ihm: »Bleib da drinnen, denn sonst würde mein Sohn, der Sonnenmann, dich versengen.«

Dann kam der Sonnenmann und sprach: »Es riecht nach Menschenfleisch. Wo ist der Fremdling, damit ich ihn verbrennen kann?«

»Sohn«, sagte die alte Frau, »er ist ein armer Junge, der die drei Wunder der Welt sucht. Er ist von deinem Bruder, der Luft, hergeschickt worden ist.«

Darauf erwiderte der Sonnenmann: »Dann soll er hervorkommen, denn ich kann ihm auch nicht helfen. Den Weg zu den drei Wundern der Welt kann ihm nur meine Schwester weisen. Er soll weiterziehen und ihr sagen, daß ich ihn geschickt habe.«

Am nächsten Tag brach der Junge zur Suche nach der Höhle der Mondfrau auf. Er reiste durch viele Königreiche, ohne daß er zu ihr gelangte, aber schließlich kam er nach vielen Tagen und den Nächten, die dazugehören, doch an der Höhle der Mondfrau an.

Eine alte Frau trat heraus und sagte: »Nenn mir jene, die dich hierher geschickt haben?«

Er sagte: »Ich bin gekommen, um die drei Wunder der Welt zu suchen, die meinen Vater heilen können.« Da sprach die alte Frau: »Gut, aber versteck dich dort in der Ecke, denn wenn meine Tochter, die Mondfrau, kommt und dich hier findet, würde sie dich verschlingen.« Die Mondfrau kam leuchtend über den Himmel und rief: »Hier riecht es nach Menschenfleisch. Wo ist das Menschenkind? Ich will es verschlingen.«

Die alte Frau aber sprach: »Nicht doch, Tochter. Es ist doch nur ein armer Junge, den dein Bruder, die Sonne, geschickt hat.«

Und die Mondfrau sagte: »Wenn das so ist, wenn er nach den drei Wundern der Welt sucht, um seinen Vater zu heilen, dann soll er hervorkommen. Nur, mein Bruder, der König der Vögel, kann ihm verschaffen, wonach er sucht. Er zieht ständig durch die Welt. Der Junge soll zu ihm gehen und ihm sagen, daß ich ihn geschickt habe.«

Also brach der Junge am nächsten Tag wieder auf, er lief und lief, bis er zu der Höhle kam, in der der König der Vögel lebte.

Als eine alte Frau heraustrat, sprach sie: »Sage mir, wer dich geschickt hat?«

Darauf er: »Die Mondfrau schickt mich. Ich komme, um nach den drei Wundern der Welt zu suchen, damit will ich meinen Vater heilen, der schon lange schwer krank ist.«

Und die alte Frau antwortete ihm: »Stell dich dort in die Ecke, denn wenn mein Sohn, der König der Vögel, heimkommt und dich hier findet, wird er dich zum Abendessen fressen.«

Der König der Vögel kam und rief gleich: »Hier riecht es nach Menschenfleisch. Wo steckt das Menschenkind? Ich will es zum Abendessen verspeisen.«

»Nicht doch, Sohn«, sagte die alte Frau, »es ist doch nur ein armer Junge, den uns deine Schwester, die Mondfrau, geschickt hat, weil er nach den drei Wundern der Welt sucht.«

»Dann soll er wieder gehen, denn ich kann sie ihm auch nicht verschaffen«, sagte der König der Vögel, »dererlei wissen nur meine Untertanen, die überall herumkommen.«

Dann gingen sie alle schlafen.

Am nächsten Tag, sehr zeitig, wurde der Junge geweckt, und der König der Vögel sagte: »Ich werde jetzt ein paar Vögel von jeder Art rufen. Du stelle dich mitten unter sie und frage sie, wo du die Wunder der Welt finden kannst. Du mußt zu ihnen sagen: ›Ihr kleinen Vögel, die ihr auf der Welt überall hinkommt, könnt ihr mir bitte sagen, wo die drei Wunder der Welt zu finden sind?‹ Wenn du das dreimal gesagt hast, und sie antworten nicht darauf, dann wissen sie es auch nicht.«

Alle Vögel, die der König gerufen hatte, kamen. Der Junge stellte sich unter sie und fragte dann dreimal: »Ihr Vögel, die ihr überall hinfliegt, sagt mir, wißt ihr, wo ich die drei Wunder der Welt finden kann?«

Keiner der Vögel antwortete, denn sie wußten es nicht. Der lahmende Adler war noch nicht da. Als er endlich eintraf, fragte ihn der König der Vögel: »Kleiner Adler, warum hat es bei dir so lange gedauert?«

Und der Adler sprach: »Weil ich von den drei Wundern der Welt gefressen habe.«

Da sagte der König der Vögel zu dem Jungen: »Hier kommt endlich einer, der dir den Weg zu den drei Wundern der Welt weisen kann.«

Und er fragte den lahmenden Adler: »Traust du dir zu, diesen Jungen dorthin zu bringen, wo er die drei Wunder der Welt finden kann?«

Der Junge stieg auf den Rücken des Adlers, und auf der anderen Seite des Meeres setzte der Vogel den Jungen auf den Weg zu einem Schloß ab und sprach zu ihm: »In diesem Schloß wirst du die drei Wunder der Welt finden.«

Der Junge brach allein in Richtung auf das Schloß auf. Er wanderte dahin, bis er an ein kleines Haus kam. Er klopfte an die Tür, eine Frau kam heraus und fragte, was er wolle. Als der Junge ihr sagte, er suche ein Nachtlager und sei im übrigen auf der Suche nach den drei Wundern der Welt, sagte ihm die Frau: »Eine gute Unterkunft findest du hier schon, aber die Sache hat einen Haken.«

»Und der wäre?«

»Vor drei Tagen ist mein Mann gestorben. Die Leiche liegt immer noch unter der Treppe. Ich habe nicht die fünf Duros, um die Beerdigung zu bezahlen.«

Da sagte der Junge: »Hier hast du zweihundert Reales, das wird für ein ordentliches Begräbnis reichen.«

Also wurde der Mann begraben, der Junge kam zu einem Nachtlager, und am nächsten Tag schlug er den Weg zum Schloß ein.

Als er nun endlich am Schloßtor ankam, strich ein Fuchs heran und sagte zu ihm: »Schau in die große Halle. Dort findest du einen Vogel, einen Käfig, eine Frau und Kleider. In einem Stall etwas weiter entfernt steht ein Pferd. Nimm von all diesen Dingen nur eines.«

Der Junge betrat ganz glücklich die Halle und sah, daß der Fuchs ihn nicht getäuscht hatte. Er wollte den Vogel nehmen und den Käfig stehen lassen, da begann der Käfig zu sprechen und sagte zu ihm: »Was willst du mit einem Vogel ohne einen Käfig?«

Er rannte also mit Käfig und Vogel davon, doch ein Riese, der das Schloß bewachte, wurde auf ihn aufmerksam und rief: »Achtung und Alarm. Hier ist einer, der die drei Wunder der Welt stehlen will.«

Da kamen Soldaten, ergriffen den Jungen und warfen ihn in ein Verließ; sie schlugen ihn und trieben Löwen in den Raum, damit sie ihn auffressen. Als er nun dort saß, kam wieder der Fuchs und sprach: »Habe ich dir nicht gesagt, du solltest von den Dingen nur eines nehmen? Denke daran, ich kann dir nur dreimal helfen, dann aber nicht mehr.«

Er half ihm aus dem Kerker und sagte ihm, er solle diesmal unbedingt so verfahren, wie er es ihm geraten habe. Der Junge kam wieder zurück ins Schloß und wollte die Frau mitnehmen, die aber sagte: »Willst du mich ohne Kleider hier fortholen?«

Da griff er sich auch die Kleider, aber als er durch die Tür hinauswollte, stand da wieder der Riese und brüllte, wie er schon zuvor gebrüllt hatte: »Achtung und Alarm. Jemand will uns die Wunder der Welt stehlen.«

Und wieder ergriffen die Wachen den Jungen. Sie verprügelten ihn, warfen ihn in den Kerker und trieben die Löwen herein. Wieder erschien das Füchslein und sagte:

»Nun kann ich dir nur noch einmal helfen. Geh jetzt in den Stall und nimm das Pferd, aber nicht den Sattel.«

Der Junge tat wie ihm geheißen, und der Sattel sprach: »Warum nimmst du das Pferd und läßt mich zurück?«

Er führte das Pferd ungesattelt hinaus, und draußen standen schon der Käfig mit dem Vogel und die Frau in ihren Kleidern. Und er ritt mit dem Pferd, der Frau und dem Vogel davon, und dies waren die Wunder der Welt.

Auf der Straße heimwärts traf er seine beiden Brüder. Als sie sahen, daß er die drei Wunder der Welt bei sich trug, nahmen sie sie ihm fort und ließen ihnen mutterseelenallein zurück. Sie gingen zu ihrem Vater, gaben ihm die drei Wunder, und er wurde geheilt. Der Vater fragte sie, ob sie etwas von ihrem jüngeren Bruder gehört hätten. Da erwiderten sie, nachdem, was ihnen zu Ohren gekommen sei, treibe er sich in der Welt herum, stehle und töte. Der Vater gab Befehl, ihn zu fangen und ihn heimzubringen, lebendig oder tot. Man fand ihn. Aber daheim wurde er gleich in den Kerker geworfen, und da die Brüder behaupteten, er sei ein Dieb und ein Mörder, sollte er gehängt werden. Da zeigte sich das Füchslein in der Gestalt eines Mannes und klärte den König darüber auf, wer tatsächlich die drei Wunder der Welt gefunden hatte.

Da erzählte der jüngste Sohn dem Vater, was er alles erlebt hatte, wie die beiden anderen Brüder ihn auf der Landstraße getroffen und ihm die drei Wunder fortgenommen hätten. Der Fuchs, der in Menschengestalt erschienen war, erklärte, er sei jener Tote, dessen Frau der jüngste Sohn das Geld für das Begräbnis gegeben habe. Da der Junge ihm geholfen habe, in der Erde seine Ruhe zu finden, sei er ihm in der Not auch zu Hilfe gekommen. Nun aber dürfe er nicht länger auf der Erde verweilen.

Kaum hatte er das gesagt, war er auf der Stelle verschwunden.

Der Vater sagte seinem Jüngsten, er werde seine beiden älteren Brüder enterben, denn es hatte sich ja erwiesen, daß sie böse waren und Lügner dazu. Und also bekam der Jüngste die Krone und das Reich. Die Frau, die er aus dem Zauberschloß mitgebracht hatte, heiratete er.

Sie wurden glücklich, und wenn sie nicht gestorben sind, so leben sie heute noch.

Die drei Kinder des Sultans

Es waren einmal drei Schwestern, die unterhielten sich vor der Tür ihres Hauses. »Ich würde ohne Bedenken einen Bäcker heiraten, denn dann hätten meine Kinder und ich wenigstens immer genug Brot«, sagte die Älteste.

»Nun«, rief die zweite Schwester aus, »ich würde auch den Fischer des Königs heiraten, dann hätten meine Kinder und ich immer frischen Fisch.«

»Ich«, sagte die Jüngste, »würde gern den Sultan heiraten, denn er ist so ein schöner Mensch.«

Da kam gerade der Sultan vorbei und hörte die Unterhaltung und die Wünsche der drei Schwestern. Er trat zu ihnen heran und sprach: »Eure Wünsche sollen euch erfüllt werden. Ihr beide werdet den Bäcker und den Fischer aus meinem Palast heiraten. Dich aber«, fuhr er fort und schaute die Jüngste dabei an, »werde ich selbst zur Frau nehmen.«

Ein paar Tage später waren sie verheiratet und feierten ein rauschendes Fest, das viele Tage währte.

Aber die beiden älteren Schwestern konnten es nicht verwinden, daß sie nur einen Bäcker und einen Fischer zum Mann bekommen hatten, während die Jüngste die Frau des Sultans geworden war. Sie waren neidisch und begannen, ihre jüngere Schwester zu hassen.

Nach der üblichen Zeit bekam diese einen hübschen kleinen Jungen. Die beiden Schwestern aber nahmen das Kind, warfen es in den Fluß und legten statt seiner einen Hund in die Wiege. Dem Sultan aber erklärten sie, seine Frau sei mit einem Hund niedergekommen.

Der Sultan wurde sehr zornig, aber dann bedachte er, daß schließlich unmöglich seine Frau schuld dran sein könne. Im Jahr darauf gebar seine Frau abermals einen Sohn. Diesmal ersetzten die Schwestern das Kind durch einen Löwen. Sie warfen den kleinen Prinzen in den Fluß. Dann liefen sie zum Sultan und bliesen ihm ins Ohr, diesmal habe seine Frau einen Löwen geboren. Wieder wurde der Sultan sehr traurig, aber er vergab seiner Frau wie beim ersten Mal.

Nach einem Jahr brachte die Sultana ein Mädchen zur Welt. Auch dieses Kind warfen die Schwestern ins Wasser und legten statt dessen ein Stück verfaultes Fleisch in die Wiege. Dann liefen sie zum Sultan.

Dem Sultan wurde klar, daß seine Frau an all dem unschuldig war. Aber er mochte auch nicht glauben, daß die beiden Schwestern in ihrem Neid zu so schlimmen Taten fähig seien.

Die Kinder aber, die beiden Jungen und das Mädchen, die in den Fluß geworfen worden waren, hatten ein Müller und seine Frau gerettet und sie voller Liebe aufgezogen. Dann starb die Müllersfrau, und darüber betrübte sich der Müller so sehr, daß es mit ihm auch ans Sterben ging. Ehe er die Augen schloß, rief er die drei Geschwister an sein Bett und sprach zu ihnen: »Kinder, mit mir geht es zu Ende. Aber ehe ich sterbe, muß ich euch noch etwas erklären. Wenn wir auch für euch gesorgt und euch geliebt haben, als wäret ihr unsere eigenen Kinder, so verhält es sich doch in Wirklichkeit so: Wir haben euch aus dem Fluß geborgen, in den euch Feinde eurer Eltern, die euch nach dem Leben trachteten, hineingeworfen haben. Wenn ihr glücklich bleiben wollt, so zieht nach meinem Tod in die Welt. Sucht nach dem Vogel, der spricht, dem Baum, der singt und dem Wasser, das das Gesicht sauber wäscht.«

So sprach der gute Müller. Dann starb er.

Die Kinder begruben ihn, und nach ein paar Tagen machte sich der älteste Sohn auf, um dem, was der Vater ihnen geraten hatte, nachzukommen. Als er fortging, sagte er zu seiner Schwester: »Nimm diesen Spaten hier. Solange sein Blatt hell glänzt, bedeutet das: Es geht mir gut. Wenn sich aber Flecken zeigen, dann bin ich in Gefahr oder gar schon gestorben.«

Darauf brach er guten Mutes auf, um den Vogel, den Baum und das Wasser zu suchen. Nicht lange, und er traf einen alten Mann mit einem langen weißen Bart, den fragte er nach den gesuchten Gegenständen. Aber der alte Mann antwortete nicht. Da schnitt der Junge ihm den Bart ab, worauf der alte Mann einen Ball hervorholte und damit nach ihm warf. Der Ball wuchs und wuchs, bis daraus ein Gebirge geworden war, in dem der Junge von vielen schwarzen Steinen eingeschlossen war, die alle reden konnten und ihn wild beschimpften. Er gab Widerrede und – schwupp –, schon war auch er in einen schwarzen Stein verwandelt.

Als der Bruder fort war, schaute die Schwester jeden Tag auf den Spaten, und als sie sah, daß er seinen Glanz verloren hatte, war ihr klar, daß ihrem Bruder etwas zugestoßen sein mußte, und sie begann zu weinen.

Der andere Bruder versuchte, sie zu trösten. Er sagte, er werde nun selbst ausziehen, um nach dem Vogel, dem Baum und dem Wasser und nach dem älteren Bruder zu suchen.

Er gab seiner Schwester einen Rosenkranz und sagte ihr: »Bete ihn jeden Tag, und solange dir die Perlen leicht durch die Finger laufen, ist dies ein Zeichen, daß ich am Leben bin und es mir gutgeht. Aber wenn du einen Widerstand verspürst, dann ist dies ein Zeichen, daß mir etwas zugestoßen ist oder ich gar tot bin.«

Er ging fort. Er lief und lief und traf schließlich denselben alten Mann mit dem weißen Bart, dem auch sein Bruder begegnet war, und auch er wurde von diesem in einen Stein verwandelt.

Die Schwester, die merkte, daß die Perlen ihres Rosenkranzes nicht wie gewöhnlich durch die Finger liefen, wußte, daß ihrem Bruder etwas zugestoßen war.

Da machte sie sich auf, die beiden Brüder, den Vogel, den Baum und das Wasser zu suchen. Auch sie traf den alten Mann mit dem langen Bart. Auch sie fragte ihn nach den beiden Brüdern, und auch dieses Mal warf er einen Ball, der sich in ein Gebirge schwarzer Steine verwandelte. Die Steine riefen ihr Schimpfworte zu, aber sie kümmerte sich nicht darum. Da erblickte sie auf einem Baum einen Vogel, und am Fuß des Baumes stand ein Glas Wasser.

»Vielleicht sind dies die Dinge, nach denen wir suchen sollen«, überlegte sie.

Sie wollte den Vogel fangen, der aber sagte, wenn sie das tue, werde er sie töten. Sie ließ sich jedoch nicht davon abbringen, fing ihn, schnitt einen Ast von dem Baum, nahm das Glas Wasser an sich und ging auf das Gebirge mit den schwarzen Steinen zu.

Mit dem Wasser aus dem Glas näßte sie die Felsen, und diese verwandelten sich in junge Männer. Sie fand darunter auch ihre Brüder, und voller Freude umarmten und küßten sie sich. Glücklich kehrten die drei Geschwister in ihr Haus zurück und lebten dort eine Zeit glücklich zusammen. Sie leerten das Wasser aus dem Glas in einen Bottich und hatten von da an immer sauberes frisches Wasser, mit dem sie sich wuschen, und davon wurden ihre Gesichter so sauber und strahlend, daß es eine Freude war, sie anzuschauen.

Eines Tages nun kam der Sultan an ihrem Haus vorbei. Er war verschwitzt und schmutzig und wollte sich waschen. Er bat um Wasser, und sie schöpften es für ihn aus dem bewußten Trog. Der Sultan wusch sich, und am Ende war er ganz sauber und sah viel jünger aus. Das gefiel ihm, und von diesem Tag an kam er immer wieder, um sich mit diesem Wasser zu waschen und mit den beiden Brüdern und deren Schwester zu plaudern, da er eine große Zuneigung für die drei verspürte.

Als er sich eines Tages wieder wusch, hörte er auf dem Zweig des Baumes einen Vogel singen:

»Wie konntest du nur annehmen, daß deine Frau, einen Hund, einen Löwen und ein Stück verfaultes Fleisch zur Welt bringen würde? Deine wirklichen Kinder stehen hier vor dir. Sie wurden von deinen Schwägerinnen in den Fluß geworfen und von einem Müller gerettet und aufgezogen. Schau sie dir nur genau an, damit du dich davon überzeugst, wie sehr die beiden jungen Männer dir und das Mädchen der Mutter ähnlich sehen.«

Der Sultan betrachtete sie genau. Ja, es gab keinen Zweifel. Er erkannte seine Kinder, und zusammen mit dem Vogel, dem Zweig und dem Wasser, die ihm eine so große Hilfe gewesen waren, nahm er sie mit auf sein Schloß.

Welch große Freude die Mutter empfand, als sie ihre Kinder wiedersah, dafür habe ich keine Worte, und das genaue Gegenteil war der Fall bei den bösen Schwestern.

Sie wurden bestraft, das heißt man warf sie an jener Stelle in den Fluß, an der das Wasser am tiefsten ist. Zuvor aber hatte man einer jeden einen schweren Stein um den Hals gebunden, damit man auch sicher sein konnte, daß sie tatsächlich ertranken.

Der Sultan und die Sultana lebten noch viele Jahre glücklich zusammen und freuten sich über ihre wohlgeratenen Kinder.

Der spanische Prinz

Es war einmal ein Prinz, der sagte eines Tages zu seinem Vater, der der König war, er wolle in die Welt ziehen und sein Glück suchen. Und der hieß ihn, sich im Stall das beste Pferd auszusuchen oder genauer, das Pferd, das dem Prinzen am besten gefiel.

Der Prinz geht also in den Stall, um sich ein Pferd zu holen und sieht eines, das ungemein dünn ist. Da spricht er: »Merkwürdig, daß mein Vater ein Pferd besitzt, das so dünn und so alt ist?«

Dann hört er das Pferd zu sich sprechen, und es sagt:

»Spanischer Prinz, wenn du morgen in die Welt ziehst, mußt du unter all den Pferden mich wählen.«

Also nahm er am nächsten Tag das magere Pferd, und auf ihm ritt er die Straße hinunter.

Er ritt und ritt, und schließlich kam er an eine Wiese, da spricht das Pferd zu ihm: »Spanischer Prinz, steig ab, nimm mir den Sattel ab und laß mich frei.«

Der Prinz tat, wie ihm geheißen, und sofort wurde aus der alten Mähre das schönste und stärkste Pferd, das man je gesehen hat. Danach legte ihm der Prinz wieder den Sattel auf und ritt auf der Straße weiter.

Nach einer Weile lag da ein goldener Apfel. Da sprach das Pferd zu ihm: »Nimm ihn nicht auf. Das bringt Unglück.«

Der Prinz aber hörte nicht darauf und hob ihn doch auf.

Wieder ein Stück, und auf der Straße lag ein goldenes Hufeisen, und abermals sagte das Pferd zu ihm: »Nimm es nicht auf, es würde dir nur Unglück bringen.«

Und wieder hörte er nicht, sondern nahm es an sich.

Abermals ein gutes Stück weiter fand er eine Ameise, die war im Begriff, in einer Pfütze Wasser zu ertrinken. Das Pferd hieß ihn, sie herauszuziehen, und das tat er auch und gab ihr ein Stück Brotrinde.

Später trafen sie einen Adler, der in einem Dornbusch hängengeblieben war. Das Pferd hieß den Prinzen, den Vogel zu befreien, und auch jetzt folgte er dem Ratschlag des Pferdes.

Wieder ritten sie weiter und stießen auf einen Wal, der an Land geraten war. Das Pferd hieß den Prinzen, ihn wieder ins Meer zu stoßen, und auch das tat er.

Sie ritten und ritten, bis sie an ein Schloß kamen. Dort wurden sie von einigen Rittern empfangen, die sprachen zu dem Prinzen: »Auf dich haben wir schon lange gewartet, spanischer Prinz!«

Er blieb drei Tage in diesem Schloß, und sie gaben ihm ein Buch und hießen ihn es lesen, und darin kam ein Baum mit goldenen Äpfeln vor, das Pferd mit den goldenen Hufeisen, von denen eines fehlte, und der Prinz las da auch von der Schönheit der Welt. Dann kam der Besitzer des Schlosses und sprach zu ihm: »Du sollst mir nun den Baum mit den goldenen Äpfeln bringen, das Pferd, dem das goldene Hufeisen fehlt und die Schönheit der Welt. Gelingt dir das aber nicht, hast du dein Leben verspielt.«

Nun, der Prinz geht in den Stall, wo das Pferd steht, und erzählt dem Tier, was geschehen ist.

Das Pferd sagt zu ihm: »Morgen verlangst du ein Seil von einer bestimmten Länge, ein paar Vögel und erbittest dir acht Tage Zeit.«

All dies wurde ihm zugestanden, und darauf machte er sich auf die Suche nach dem Baum mit den goldenen Äpfeln.

Zwei Tage später fand er einen herrlichen Garten, und das Pferd spricht zu ihm: »Spanischer Prinz, dort wächst der Baum mit den goldenen Äpfeln. Um Punkt zwölf Uhr öffnet sich das Tor des Gartens um einen Spalt. Dann nimm dein

Seil und geh hinein. Zwölf Löwen werden auf dich zukommen. Wirf ihnen die Vögel zum Fraß vor, und während sie die Vögel fressen, binde das Seil um den Stamm des Baumes und trag ihn heraus. Aber wenn der letzte Glockenschlag ertönt und du hast bis dahin den Garten nicht verlassen, dann sitzt du auf immer dort gefangen.«

Der Prinz tat, wie ihm das Pferd geheißen, und vor dem zwölften Glockenschlag war er zurück.

Nun brachten sie den Baum zum Schloß und gruben ihn dort ein. Und acht Tage später trug er bereits goldene Äpfel.

Der Besitzer des Schlosses sagte: »Bravo, aber nun mußt du mir auch noch das Pferd mit den goldenen Hufeisen herbeischaffen.«

Wiederum ging der Prinz in den Stall zu dem Pferd und erzählte ihm, was nun gefordert wurde, und sein Pferd sprach: »Erbitte dir morgen wieder ein langes Seil.«

Das gaben sie ihm, und er ritt aus auf der Suche nach dem Pferd mit den drei goldenen Hufeisen.

Sie kamen zu einer Einzäunung, darin eingesperrt waren Pferde, die sich ungebärdig bewegten und ausschlugen.

Da riet das Pferd dem Prinzen: »Geh hinein und fang das Pferd mit den goldenen Hufeisen, aber achte darauf, daß du vor dem zwölften Glockenschlag wieder draußen bist.«

Er tat, wie ihm geheißen, und dann brachten sie das Tier zum Schloß. Der Besitzer sah, daß es nur drei goldene Hufeisen trug. Aber der Prinz wies auch noch das vierte vor, und es paßte.

Nun sagte der Schloßherr: »Jetzt fehlt nur noch die Schönheit der Welt.«

Wieder beriet sich der Prinz mit dem Pferd, und das Tier riet ihm: »Bitte wiederum um ein Seil, und außerdem brauchst du ein paar Süßigkeiten.«

Darauf zogen sie aus, um sich nach der Schönheit der Welt umzuschauen. Auf halbem Weg hielt das Pferd plötzlich inne und sprach: »Spanischer Prinz, siehst du dort den

Marmorfelsen? An dieser Stelle werde ich zurückbleiben. Du aber mußt weitergehen. Du wirst an ein Schloß gelangen. Dort werden mehrere junge Frauen herauskommen. Alle werden sie dich umarmen wollen. Das darfst du aber nicht zulassen, denn wenn das geschieht, wäre es dein Ende. Wirf ihnen die Süßigkeiten hin, geh hinein, hole die Schönheit der Welt, und im übrigen weißt du ja, ehe der zwölfte Schlag verklungen ist, mußt du wieder zurück sein.«

Der Prinz ging zum Tor des Schlosses. Beim ersten Glockenschlag sprang das Tor auf. Die Frauen kamen heraus, und er warf ihnen die Süßigkeiten hin und machte sich auf die Suche nach der Schönheit der Welt.

Aber der zwölfte Glockenschlag erklang, und er war immer noch im Schloß. Da sprach die Schönheit der Welt zu ihm: »Nun versteck dich, ich werde dreimal nach dir suchen, und wenn ich dich finde, gehört dein Leben mir. Finde ich dich aber nicht, dann bin ich dein und werde mit dir gehen.«

Und der Prinz sagte bei sich: »Großer Gott, wo soll ich mich nur verstecken?«

Da fiel ihm der Wal ein, und er dachte: »Vielleicht könnte der mir helfen.«

Kaum hatte er das gedacht, da befand er sich auch schon auf dem Grund des Ozeans.

Die Schönheit der Welt aber schlug im Schloß ein Buch auf und begann darin zu lesen, und dies war es, was sie las:

»Er ist nicht zu Lande,
er ist nicht in der Luft,
er ist in des Meeres tiefer Gruft.«

Sofort nahm der Wal den Prinzen und trug ihn zur Schönheit der Welt. Die sagte zu dem Jungen: »Einmal hast du nun schon verloren. Versteck dich jetzt wieder. Die Spielregeln kennst du ja.« Und der Prinz murmelte: »Vielleicht, daß der Adler mir helfen wird.«

Und schon griff ihn sich der Adler und erhob sich mit ihm in die Luft.

Die Schönheit der Welt aber schaute wieder in ihr schlaues Buch, und da las sie:

»Er ist nicht auf Land,
er ist auf keinem Fest,
diesmal sitzt er
in einem Adlernest.«

Im Augenblick trug ihn der Vogel wieder zurück zur Schönheit der Welt.

Nun hieß es: »Jetzt hast du schon zweimal verloren. Wenn ich das nächste Mal gewinne, kostet es dich dein Leben.« Der Prinz wußte sich keinen Rat mehr, aber dann dachte er an die Ameise und murmelte: »Vielleicht könnte dieses kleine Tierchen von Ameise mir helfen.«

Die Ameise kam und sprach: »Ich werde dich jetzt auch in eine Ameise verwandeln, und dann verbirgst du dich zwischen den beiden Brüsten der Schönheit der Welt.«

Das tat er, und die Frau las in diesem und jenem Buch nach, konnte aber nicht erraten, wo er steckte. Da warf sie alle Bücher auf den Boden und stampfte mit dem Fuß auf. Aber der Prinz zeigte sich nicht.

Endlich rief sie: »Komm hervor. Ich gebe zu, ich habe verloren. Ich gehöre dir.«

Er kam hervor und erzählte ihr, wo er sich verborgen hatte.

Sie aber ging mit ihm, und beide kamen schließlich an die Stelle, an der das Pferd auf sie wartete. Dann ritten sie zum Schloß.

Der Schloßherr kam und sagte zu dem Prinzen: »Nun gut, du hast alles herbeigeschafft, was ich dir aufgetragen habe. Wenn du jetzt noch im Spiel gegen mich gewinnst, wirst du Besitzer dieses Schlosses und kannst die Schönheit der Welt heiraten. Du mußt in einen Kessel mit siedendem

Öl steigen, überlebst du das, sind das Schloß und die Frau dein.«

Diesmal riet das Pferd dem Prinzen: »Laß dir ein Gefäß, ein Messer und eine Schaufel geben. Dann hebe eine Grube aus, töte mich und begrabe meinen Kadaver, nachdem du zuvor all mein Blut in dem Gefäß aufgefangen hast. Bade in meinem Blut und dann steige in das kochende Öl.«

Zuerst wollte der Prinz das treue Tier nicht töten, aber das Pferd bat ihn inständig darum. Und also tat er, wie ihm geheißen.

Dann stieg er in den Kessel mit siedendem Öl, und wenn er früher schon ein stattliches Mannsbild gewesen war, so war er nach dem Bad in dem Kessel nur noch schöner.

Der Schloßherr kam, besah sich den Prinzen, schüttelte den Kopf und sagte: »Wie hast du das nur überlebt?«

Der Prinz beschrieb es ihm. Da ließ der Schloßherr seine Knechte ein starkes Pferd schlachten, badete in dessen Blut, stieg dann in den Kessel mit siedendem Öl – und kam um.

Dem Prinz aber gehörte nun das Schloß, und er heiratete die Schönheit der Welt, und sie wurden ein glückliches Paar.

Die alte Frau mit der Lampe

Die Geschichte trug sich zu in Sevilla in jenen Jahren, als der gerechte Don Pedro I. von Kastilien regierte. In einer dunklen Nacht wurde eine entlegene finstere Gasse zum Schauplatz eines turbulenten Ereignisses. Zwei Adlige kreuzten die Degen miteinander, und nach einem kurzen Gefecht stürzte der eine mit einem Loch in der Brust zu Boden. Blut rann ihm aus dem Mund, und er konnte gerade noch flüstern: »Gott helfe mir. Ich sterbe!« Dann war sein Lebenslicht erloschen.

Der Kampflärm lockte eine freundliche alte Frau, mit schon zerknitterter Haut und knochigem Schädel, an eines der Fenster, von denen aus man die Straße überblickte. Und, das Gesicht von Angst gezeichnet, ein Gebet auf den Lippen, versuchte sie, im Schein einer schwachen Lampe genauer zu sehen, was da vor sich ging. Sie sah den blutbefleckten Körper des Mannes in den letzten Zuckungen. Sie erkannte neben ihm einen schwarzgekleideten Mann, der einen Degen in der Hand hielt, von dem Blut tropfte.

Der Mörder betrachtete seinen toten Gegner mit grimmigem Blick, als das Licht der Lampe auf sein Gesicht fiel. Er verbarg es rasch und ging fort wie einer, der nichts zu befürchten hat. Wie er davonging, konnte man das Geräusch vernehmen, das seine Sporen machten.

Aber dann wußte die alte Frau auch, in wessen Gesicht sie eben gesehen hatte, und bei dieser Erkenntnis erschrak sie so sehr, daß sie die Lampe fallen ließ, deren Licht erlosch, als sie hinab in die Gasse fiel. Rasch schlug die Alte darauf das Fenster zu.

»Jungfrau Maria, steh mir bei!« rief sie aus und legte sich, immer noch zitternd, schlafen.

Der Morgen des nächsten Tages brach an. Der Bürgermeister von Sevilla, Don Martin Fernández Cerón, schritt durch die großen Tore der Burg von Sevilla und ließ sich dem jungen König Pedro I. melden. Er beugte seine Knie und entblößte sein Haupt. Sein Haar war schon im Dienst für die Krone ergraut.

»Nun?« sagte Don Pedro, »wie können wir solche Ungerechtigkeit in unserem Königreich dulden! Ein toter Mann liegt mitten auf der Gasse, und der Mörder läuft immer noch frei herum!«

»Herr«, antwortete der Bürgermeister, »meine Nachforschungen sind erfolglos geblieben. Die Sache ist geheimnisvoll. Ihr wißt: die Juden, die Mauren. In ihren Vierteln hätte ich vermutet, den Mörder zu finden. Aber wir haben keine Spur, die dorthin führt.«

»Was ist mit Vermutungen getan? Habt Ihr Zeugen? Habt Ihr nicht eine Lampe gefunden? Sucht nach dem Eigentümer und zwingt ihn zu gestehen, wer der Mörder ist. Und beeilt Euch damit, wenn Euch Euer Leben lieb ist!«

Als der Bürgermeister ging, zitterte er am ganze Leibe. Don Pedro folgte ihm. Er wollte sich noch eine Weile mit seinen abgerichteten Falken vergnügen. Danach ritt er aus.

Als die Nacht kam, verließ er, schwarz gekleidet, seinen Palast durch eine Hintertür. An seinem Gürtel aber hing ein Degen aus bestem Toledaner Stahl. So huschte er durch die Gassen der Stadt.

Unterdessen verhörte der Bürgermeister im Gefängnis die alte Frau. Er wollte sie unbedingt zum Sprechen bringen. Obwohl sie vor Angst und Schrecken zitterte, weigerte sie sich zu reden. Die Folterknechte verfluchten sie und drohten ihr mit der Folter.

Aber weiterhin hörte man von der alten Frau kein Wort, außer Schreien und Klagen.

»Ich weiß von nichts, habe niemanden gesehen. Diese Lampe gehört mir nicht«, rief sie immer wieder.

In diesem Augenblick trat ein Fremder ein und verbarg sich hinter einer Säule.

»Nun redet schon, alte Frau!« rief der Bürgermeister. »Wer ist der Mörder?«

»Ich weiß es nicht«, beharrte die Unglückliche.

»Foltert sie!« befahl der Bürgermeister.

Man zerrte sie zu der Folterbank und spannte ihren Körper ein. Hebel wurden bewegt. Ihre Knochen gaben ein krachendes Geräusch von sich.

Endlich war der Schmerz zu furchtbar, daß sie es nicht mehr aushielt, und die alte Frau stieß hervor: »Es war der König, der ihn getötet hat.«

Ein von Furcht bestimmtes Schweigen folgte auf ihre Worte. Der Fremde trat hinter der Säule hervor und gab sich zu erkennen.

Es war Don Pedro, der König selbst. Jene, die anwesend waren, fuhren erschrocken zusammen und waren so überrascht, daß sie fast vergaßen, vor ihrem Herrscher die Knie zu beugen. Der ging auf die Zeugin zu, holte einen Beutel mit hundert Goldmünzen hervor, gab ihn der alten Frau und sagte: »Diese Frau hat die Wahrheit gesprochen. Wer die Wahrheit sagt, den sollten der Himmel und die Justiz schützen. Geht in Frieden und fürchtet nichts. Was das Verbrechen angeht, so bin ich der Mörder dieses Mannes. Aber nur Gott kann über den König richten.«

Aber der König der weltlichen Gerechtigkeit wollte diese denn doch auch walten lassen, und so befahl er einem seiner Diener, an jener Ecke, an der das Gefecht stattgefunden hatte, eine Steinplastik des königlichen Hauptes anzubringen, die sich in dem düsteren Licht der Gasse wie der Kopf eines zum Tod Verurteilten ausnahm.

Die Legende von der Padilla und Don Fadrique

Um jene Zeit, als König Pedro in dem prächtigen Alcázar lebte, galt seine Favoritin, Doña María de Padilla, als die schönste Frau in Sevilla. Alle waren von ihrer Anmut und Schönheit geblendet. Voller Leidenschaft vom König geliebt, war sie zu der wahren Königin des Reiches geworden.

Don Pedro hatte einen Bruder, berühmt wegen seines außergewöhnlichen Mutes und bewundert von den jungen Leuten bei Hofe. Dies war Don Fadrique, der Großmeister des Ordens von Calatrava.

Die Legende erzählt nun, Don Fadrique und die Padilla hätten sich ineinander verliebt. Da sie die wild wütende Eifersucht des Königs kannten, versuchten sie, ihre Leidenschaft zu verbergen. Aber bald schöpfte Don Pedro dennoch Verdacht. Wenngleich er keinen Beweis besaß, der die beiden überführt hätte, nahm sein Mißtrauen zu, und schließlich wurde daraus Gewißheit.

Von da an war das Leben des Ordensmeisters in Gefahr.

Don Fadrique, geblendet von seiner Leidenschaft, erkannte nicht die Bedrohung, die da auf ihn zukam. Doña María aber, die vermutete, daß das Urteil über ihn schon gesprochen war, wartete auf eine günstige Gelegenheit, um ihn zu warnen.

Sie hatten eine ganze Weile keine Möglichkeit gehabt, einander zu sehen. Eines Tages kam ein Gesandter aus England, und während Don Pedro zu dem Empfang ging, führte Marias ergebene Ziehmutter Don Fadrique in die Kammer der Padilla. Sie riet ihrem Geliebten, an einen Ort zu fliehen, wo er vor der Rache des Königs sicher war.

Aber da er an keine andere Gefahr glauben wollte, außer der, vor Liebe wahnsinnig zu werden, versprach sie ihm, den Alcázar später heimlich zu verlassen und ihm nach Navarra zu folgen. Erst als sie das versprochen hatte, war der Ordensmeister bereit, aus Sevilla fortzugehen.

Das Herz voller Hoffnung, ging Don Fadrique nach Navarra und wurde gastfreundlich in der Burg Monteagudo, dem Haus seiner Freunde, der Beaumonts, aufgenommen.

Er wartete Tage und Wochen, ohne daß ihn eine Botschaft von seiner Geliebten erreichte. Weder kostbare Geschenke, noch die Ablenkung der Jagd vermochten seine fiebernde Ungeduld zu vertreiben. Er schickte einen Boten nach Sevilla, aber die Zeit verging, und der Mann kehrte nicht zurück.

Don Fadrique saß Tag um Tag am offenen Fenster und starrte gebannt auf die Straße, die von Süden heranführte. Eines Tages sah er auf der Straße einen Reiter herankommen. Sein Herz begann, rascher zu schlagen, denn er erkannte seinen Boten, Don Menendo. Augenblicke später stand dieser staubbedeckt vor seinem ungeduldigen Herrn.

Er beantwortete die ängstlichen Fragen Don Fadriques und erzählte ihm, wie es in Sevilla stand. Doña María lebte zurückgezogen im Alcázar wie eine Gefangene. Aus Furcht, man werde ihr nachspionieren, wagte sie sich nicht einmal in den Garten. Don Menendo hatte deswegen auch nicht mit ihr selbst reden können. Er hatte nur mit ihrer Ziehmutter gesprochen, und diese hatte ihm einen Brief der Padilla an Don Fadrique ausgehändigt.

Der Großmeister nahm dieses Lebenszeichen nachdenklich entgegen. Dann entwickelte sein Bote ihm einen Plan, wie er vorgehen wollte, um Doña María zu befreien. Nötig allein, sagte er, sei Geld und die Zustimmung seines Herren. Mit Hilfe von zwei Händlern, die den Alcázar mit ihren Waren versorgten, wollte er Don Pedros Spione täuschen.

Einer von ihnen war mit einer Gärtnerin verheiratet, die in etwa die Größe der schönen Doña Maria hatte. An einem Tag, an dem der König sich nicht in seiner Burg aufhielt, würden die beiden Händler mit der Frau, die die Körbe trug, hereinkommen. Nach Einbruch der Dunkelheit würde es den Wachen nicht so leicht fallen zu erkennen, wer da hinausging: Doña Maria oder die Gärtnerin. Die Händler würden die verkleidete Padilla bei sich haben, die Gärtnerin würde etwas später allein folgen. Don Fadrique würde in der Nähe mit seinen Leuten warten. Er würde dann seine Geliebte in Empfang nehmen und mit ihr fliehen können.

Der Großmeister war begeistert von dem Plan und auch sofort bereit, das nötige Geld seinem Mann auszuhändigen. Dann zog er sich zurück, um den Brief zu lesen, den ihm Doña Maria geschickt hatte. Die Padilla beschwor ihn darin, das gastfreundliche Navarra nicht zu verlassen, aber die Empfindungen, die aus dem Brief sprachen, veranlaßten ihn, sofort nach Sevilla aufzubrechen.

Nichts half es, daß sein Freund ihn warnte. Beaumont traute den schurkischen Blicken Don Menendos nicht, aber als er feststellen mußte, daß nichts, aber auch gar nichts Don Fadrique davon würde abbringen können, bot er an, ihn mit hundert Kriegern zu begleiten und überraschend in Andalusien einzufallen.

Der Großmeister lehnte das ab. Er sagte, es sei unmöglich, Don Pedro zu überraschen, der sei immer auf alles vorbereitet, und also reiste Fadrique mit seinem Diener allein.

Herr und Diener waren als wandernde Navarresen verkleidet, die angeblich Most nach Andalusien brachten, um ihn dort gegen Wein aus Jerez einzutauschen.

Beaumont, der sonst nichts für den Freund tun konnte, beauftragte sechs seiner Ritter, den beiden in einigem Abstand zu folgen, um ihnen beizustehen, falls sie in einen Hinterhalt geraten sollten.

Solche Vermutungen erwiesen sich als nur zu begründet. Kaum nämlich, daß sie das Gebiet von Navarra verlassen hatten, ritt Don Menendo, unter dem Vorwand, das Gelände erkunden zu müssen, voraus. Er konnte noch nicht weit sein, da fielen üble Burschen über Don Fadrique her. Er, der unter seiner Verkleidung bewaffnet war, schickte sich an, sich zu verteidigen, als Menendo zurückkam und ihm riet, sich besser mit dem Geld, das er bei sich trug, freizukaufen.

Die Banditen stimmten diesem Vorschlag zu, aber die Blicke, die sie mit Menendo wechselten, bewiesen Don Fadrique, was da in Wahrheit gespielt wurde. Als Don Menendo kam, um das Geld zu holen und es den Banditen zu bringen, stieß er ihm seinen Degen in den Hals.

Die Banditen griffen ihn nun an, aber mit seinem Degen zog er einen Kreis um sich, in den keiner der Spitzbuben eindringen konnte. In diesem Augenblick hörte man den Hufschlag mehrerer Pferde. Beaumonts Männer ritten heran. Sie griffen die Räuber an und wurden bald mit ihnen fertig. Einer von ihnen, dem man versprochen hatte, er solle frei ausgehen, bekannte, daß sie von einem Mittelsmann des Königs in Absprache mit Don Menendo bezahlt worden waren. Aber weder der Hinterhalt noch die Überredungsversuche seine Freunde vermochten Don Fadrique aufzuhalten. Er setzte entschlossen seinen Weg fort.

Seine Freunde begleiteten ihn bis vor die Tore von Sevilla und kehrten dann nach Navarra zurück.

Der Großmeister hielt sich mehrere Tage in der Stadt auf, ohne von jemandem erkannt zu werden. Immer nachmittags spazierte er, in den weiten Umhang der Adligen gehüllt, und in der Hoffnung, Doña María zu Gesicht zu bekommen, um den Alcázar. Und in der Tat, eines Tages sah er sie in Begleitung zweier Dienerinnen auf der Terrasse.

Sie sah bleich aus und wirkte traurig. Aber ihre Schönheit war selbst noch größer als ihr Kummer. Don Fadrique blickte eine Weile zu ihr hin, und dabei glitt für einen Augenblick der auch sein Gesicht halbwegs verbergende Umhang herab. Eines der Mädchen, eine Spionin im Dienst des Königs, erkannte ihn. Es gelang ihr aber, dies vor den anderen zu verbergen.

Dieser Zwischenfall machte Don Fadriques Inkognito überflüssig, und er gab sich nun in der Stadt als der zu erkennen, der er war, nämlich als der Großmeister von Calatrava. Unter dem Vorwand, dort eine wichtige Angelegenheit erledigen zu müssen, ritt er auf den Alcázar. Er wollte seinem Bruder, dem König, im Namen seines Ordens einen neuen Krieg gegen die Ungläubigen vorschlagen.

Als er den Alcázar betrat, war sein Auftreten stolz und selbstbewußt. Er durchschritt die Quartiere der Ritter und der Diener. An der Tür zur Vorkammer des Audienzsaales standen Wachen, die wie Statuen wirkten. Don Fadrique trat entschlossen ein, aber als er die Schwelle überschritt, sausten in rascher Folge aus dem Hinterhalt Schwerthiebe auf ihn nieder. Der Großmeister von Calatrava starb ohne einen Schmerzenslaut an dieser Stelle.

Auf dem Boden der Vorkammern zum Audienzzimmer im Alcázar ist bis heute ein großer Blutfleck zu sehen. Die Legende behauptet, es sei das Blut Fadriques, der im Jahr 1358 auf Befehl seines Bruders, König Pedros des Grausamen, dort getötet wurde.

Der verzauberte Feigenbaum

Im Jahr des Herrn 1640 gingen in der schönen Stadt Granada im Viertel von Albaicin die Leute ihren täglichen Beschäftigungen nach.

In einer schmalen Straße, durch die man zu einer verborgenen Zisterne gelangt, lag der kleine Garten der Maria Tomillo. Sie lebte allein, war ein böses Weib und jammerte viel.

Den Nachbarn war sie unheimlich. Sie verwandte all ihre Liebe darauf, ihren Garten zu pflegen, dessen prächtige Obstbäume für die Jungen aus der Nachbarschaft eine große Versuchung darstellten. Sah die alte Frau einmal nicht hin, gleich kletterten sie ins Geäst und füllten sich die Taschen mit den Früchten. Doch die Hexe erwischte sie immer. Dann taten die Bengel gut, sich möglichst rasch in Sicherheit zu bringen, denn die Alte bedachte sie nicht nur mit Flüchen, sondern auch mit Steinwürfen, die ihr Ziel selten verfehlten.

Was die alte Hexe am meisten verabscheute, war, daß jemand von den Früchten eines großen Feigenbaumes aß, der mit seinem dichten Blattwerk dem Garten Schatten spendete und dessen Früchte sich besonders des Zuspruchs durch die Jungen erfreute, die in den Garten kamen, um sich zu versorgen.

Solcher Übergriffe überdrüssig, bat die Frau den Teufel, daß er den Baum auf eine Art verzaubere, daß niemand mehr von den Feigen essen könne.

Von da an wurden die Feigen so bitter, daß selbst, wenn ein Junge dazu kam, eine zu pflücken und sie in den Mund steckte, er sie sofort wieder ausspuckte, was die Alte, wenn sie es beobachtete, jedesmal mit großer Genugtuung erfüllte.

Selbst der Schatten des Feigenbaumes war verzaubert. Wer sich dort hinlegte, wurde von einer unbekannten Krankheit befallen.

Viele Jahre vergingen, ohne daß es jemand gewagt hätte, die Feigen zu versuchen, da starb die alte Frau plötzlich, und ihr Leichnam verschwand auf den Friedhof.

Von der Nacht ihres Todes an hörten die Nachbarn merkwürdige Geräusche in der nahegelegenen Zisterne, und zwar immer um Mitternacht. Und jeder von ihnen war sicher, daß die Alte nun in ihrem geliebten Garten spuke.

Nun gab es da ein paar neugierige Frauen, die sich an einem Fenster, von dem aus man in jenen Garten sah, versammelten und nur darauf warteten, daß es Mitternacht wurde.

Als die zwölf Schläge der Kirchturmuhr verklungen waren, sahen sie tatsächlich, wie der Schatten der alten Frau der Zisterne entstieg. Hohe schrille Schreie ausstoßend, begann sie, den Feigenbaum zu umkreisen, an dessen Zweigen darauf goldene Früchte zu sehen waren. Gleich danach erschienen weitere Schattengestalten und umschritten den Baum. Sie tanzten schneller und schneller bis zum ersten Lichtschimmer des neuen Tages. Dann verwandelte sich die alte Frau plötzlich in eine Eule, die unter Gekreisch wieder in der Zisterne verschwand.

Aus den anderen Schatten wurden häßliche Vögel, die wild um den Baum herumflogen, bis dessen Stamm ein lautes Stöhnen von sich gab, worauf sie der Eule in die Zisterne folgten.

Die Frauen waren bestürzt, und als sie in ihre Häuser zurückkehrten, erzählten sie in den Familien, was sie gesehen und gehört hatten.

Einige der Jungen meinten, das sei alles nicht weiter ernst zu nehmen. Sie verschlossen die Zisterne und legten sich auf die Lauer.

Die Schatten stiegen aus der verschlossenen Zisterne und verprügelten die Burschen so heftig, daß ihre Wunden vom Arzt behandelt werden mußten.

Die Kirche nahm sich der Sache an und veranlaßte, daß wiederholt exorziert wurde. Die Bäume im Garten wurden gefällt, aber der Feigenbaum schlug erneut aus. Wie oft man seine Wurzel auch ausgrub, er schlug aus, blühte erneut, trug Früchte, und niemand brachte es fertig, ihn endgültig zu beseitigen.

Die Zisterne der alten Dame gibt es noch immer, und einige Mädchen warten in der Nacht darauf, daß der Schatten erscheint und Feigen aus Gold in seine Zweige zaubert.

Der Weber und der Student

In einer Julinacht im Jahre des Herrn 1693 sang der Weber Juan Martinez seine »Coplas de Ronda« für Maria, die schöne Brünette, in die er sich heftig verliebt hatte. Da das Mädchen, nachdem sie beim Tanz ein paar Worte miteinander gewechselt hatten, nicht hatte mit ihm sprechen wollen, enthielt sein Lied einige Anspielungen auf ihre Sprödigkeit.

In dieser Nacht befand sich Maria im Haus ihrer Mutter, einer Frau, die mehr wie ein Mann aussah und deren Ehemann ihr bei seinem Tode ein beträchtliches Vermögen hinterlassen hatte.

Als die Mutter des Mädchens die Verse des Liedes hörte, fragte sie ihre Tochter, ob sie für den jungen Mann Zuneigung empfinde. Das Mädchen verneinte dies.

Die Mutter, über die anzüglichen Worte, die der Weber über die Sprödigkeit ihrer Tochter verloren hatte, aufgebracht, nahm einen Eimer Wasser und entleerte diesen auf den Kopf des armen Burschen, um ihn dann auch noch beim Bürgermeister der Stadt wegen nächtlicher Ruhestörung anzuzeigen.

Juan Martinez kehrte nach der kalten Dusche nach Hause zurück, freilich, ohne daß er in der Folge sich das schöne Mädchen aus dem Kopf schlagen mochte.

Maria aber hatte triftige Gründe, nicht auf die Werbung des Webers einzugehen.

Einmal, während der Feste von Granada, war sie in ihrem Stadtviertel zu einem Tanz gegangen und hatte dort Don Luis de Arias, einen Studenten getroffen, den Sohn eines Juristen in der Kanzlei.

Die beiden jungen Leute hatten sich ineinander verliebt, und von da an hörte keiner von den beiden mehr damit auf, ständig an den anderen zu denken.

Als Juan Martinez daheim ankam, klagte er einem seiner Freunde sein Mißgeschick, und der fragte ihn, ob das Mädchen nicht vielleicht schon einen anderen liebe. Das öffnete dem armen Weber die Augen, und von da an wurde er nicht müde, um Marias Haus herumzuschleichen. Wenn er selbst nicht Wache halten konnte, übertrug er diese Aufgabe seinen Freunden. Auf diese Weise fand er bald heraus, daß ein Mann in einem weiten Umhang, der mehr wie ein Ehrenmann denn wie ein Schurke aussah, sich häufig vor dem Haus des Mädchens zeigte.

Sobald sie am Fenster erschien, warf er ihr eine Nelke und einen Brief zu. Augenblicke später war er wieder verschwunden.

Juan Martinez verlangte es nicht danach, noch mehr zu erfahren. Das Herz voller Wut, entschloß er sich, Rache zu nehmen und den Hidalgo zu töten.

Unterdessen war die Liebesbeziehung zwischen Maria und Luis in ein fortgeschrittenes Stadium eingetreten. Das Mädchen gestand der Mutter, was sie für den Studenten empfand, und daß er ihre Liebe erwidere. Die Mutter, die bald herausgefunden hatte, daß der junge Mann aus einer angesehenen und wohlhabenden Familie kam, war entschlossen, die Dinge auf eine Hochzeit hinsteuern zu lassen.

Sie ging also eines Tages zum Vater des jungen Mannes. Trotz der Standesunterschiede war auch er einverstanden, und so schien einem glücklichen Ausgang der Liebesgeschichte zwischen Maria und dem Studenten nichts im Weg zu stehen.

Von nun an begleitete Luis seine Verlobte auf Schritt und Tritt. Sie waren schon zum ersten Mal aufgeboten worden, als eines Nachts, als sie sich voneinander verabschiedeten, Maria ihren Liebsten warnte, heute nicht allein heimzugehen. Der

Himmel war bedeckt, die Straßen menschenleer. Sie hatte Angst, es könne ihm etwas zustoßen. Es war, als habe sie plötzlich ein merkwürdiges Gefühl einer draußen lauernden Gefahr überkommen. Sie bot also ihrem Verlobten an, ihn von zwei Bediensteten ihrer Mutter begleiten zu lassen. Davon wollte der junge Mann nichts wissen. Er versuchte, sie zu beruhigen. Was solle ihm schon geschehen. Falls ihn jemand angriffe, habe er einen guten Degen und sei in der Lage, sich zu verteidigen.

Nachdem er so versucht hatte, sie zu beruhigen, verabschiedete er sich von seiner Liebsten, und bald darauf konnte Maria das Geräusch seiner Schritte draußen auf der Straße zwischen den Häuserwänden widerhallen hören. Bald war er aus ihrem Blickfeld verschwunden.

Doch da sie die Vorstellung, es könne ihm etwas zustoßen, nicht los wurde, lief sie ihm nach, bereit ihm beizustehen, was immer geschehen möge.

Don Luis schritt unbesorgt aus, doch als er um eine Ecke in eine bestimmte Straße einbog, hörte er das Geräusch von jemanden, der ihm folgte. Er wandte sich um, und sah, wie sich ihm fünf bewaffnete Männer näherten. Er begriff die Gefahr, in der er schwebte, und schützte sich, indem er sich in einen Torweg stellte, in dem ein kleiner Marienaltar stand. Die Frauen, die einen Waschplatz in der Nähe aufsuchten, hatten eine große Zuneigung zu diesem Marienbild.

Die fünf bewaffneten Männer rückten Luis näher auf den Leib. Allen voran der Weber Juan Martinez, der darauf aus war, nun seine Rache zu nehmen.

Der Student war entschlossen, sein Leben so teuer wie möglich zu verkaufen. Sie hatten bereits die Klingen gekreuzt, als Maria, seine Verlobte, erschien. Wie sie nun sah, in welcher Gefahr ihr Geliebter sich befand, bat sie die Heilige Jungfrau um Hilfe.

In diesem Augenblick erleuchtete ein grelles Licht plötzlich den Altar, und das Marienbild stürzte gleich einem gewaltigen Vorschlaghammer auf die Köpfe der Angreifer nieder.

Die Männer fuhren erschreckt herum, ließen ihre Waffen fallen und rannten davon.

Luis aber hob Maria, die ohnmächtig geworden war, vom Straßenpflaster auf und trug sie nach Hause.

Als sie erwachte, dankten beide der Jungfrau, und ein paar Tage später wurden sie ein Paar.

Von dem Weber hat man nie mehr etwas gehört. Manche sagen, er sei nach Amerika ausgewandert.

Die Geschichte verbreitete sich in ganz Granada, und von da an nahm die Verehrung der Jungfrau der Wäscherinnen immer mehr zu.

Die Legende von der Nonne, die von einem Dämon besessen war

Im Jahre 1489 gründete eine fromme Frau in Córdoba einen Konvent für Witwen und solche Frauen, die ihre Frömmigkeit leben wollten. Dieser genoß bald großes Ansehen, und Frauen und Mädchen jeden Alters traten dort ein.

Eines Tages nun war da eine Novizin, die kaum dreizehn Jahre alt war, aber alle durch ihre Frömmigkeit in Erstaunen setzte. Sie nahm auf den Tag, da sie fünfzehn wurde, den Schleier. Das Mädchen hieß Magdalena de la Cruz. Nichts war über ihr Vorleben, ihre Geburt oder ihre Familie bekannt. Sie war ein Mädchen, nichts weiter, und man nahm sie auf, ob ihrer Unschuld und ihrem Glaubenseifer. Die Zeit verging, und sie legte ihr Gelübde als Nonne ab. Ihr Ruhm verbreitete sich durch den Ort und von Kloster zu Kloster, und bald hatte jeder in Córdoba und Umgebung von ihr gehört.

Das Gerücht kam auf, sie könne aus ihrer Klosterzelle heraus die großartigsten Wunder tun.

Die Gemeinde und der Königshof, die recht abergläubisch waren, bewahrten selbst ihre Briefe als Reliquien auf.

Unter den vielen Wundern, die ihr zugeschrieben wurden, erregte eines besonderes Aufsehen. Am Fronleichnamstag, als die Heilige Bruderschaft durch die Straßen von Córdoba zog, lag Magdalena krank in ihrer Zelle und konnte die Prozession nicht sehen.

Plötzlich, als sie ein Gebet flüsterte, tat sich die Mauer zur Straße hin auf, und von ihrer Pritsche sah sie den heiligen Zug.

Als die Prozession vorüber war, schloß sich die Wand wieder.

Nicht weniger erstaunlich war eine Legende, der zufolge die Nonnen über Magdalenas Zelle eine große Zahl schwarzer Männer gesehen haben wollten. Als sie über die merkwürdige Erscheinung befragt wurde, erwiderte sie, dies seien die Seelen, die aus dem Fegefeuer aufgestiegen seien, um sie zu veranlassen, für sie zu beten.

Als der Provinzial des Ordens von diesen merkwürdigen Vorgängen hörte, hieß er die Nonne in eine Zelle einsperren, bis alles geklärt sei.

Der Arrest Magdalenas rief große Unruhe unter den Christen Córdobas hervor, die sie für eine Heilige hielten.

Der Provinzial, der ein schlauer Mann war, ging mit größter Umsicht vor, aber jedes Mittel war ihm Recht, dieses Rätsel zu lösen, zumal er Zweifel an der Heiligkeit der Nonne hegte.

Eingesperrt und unfähig, mit irgend jemandem zu sprechen, tat Magdalena dennoch weiter ihre Wunder. Eines ereignete sich, als sich drei Nonnen im Chor des Klosters befanden.

Sie sahen Magdalena plötzlich unter sich erscheinen und ebenso rasch wieder verschwinden. Magdalena hatte an diesem Tag hohes Fieber und wurde in ihrem Gefängnis sorgfältig bewacht. Ein Wunder, ein echtes Wunder sei diese Erscheinung gewesen, sagten die Leute.

Eines Tages nun sahen die Helfer des Provinzials Magdalena schlafend in ihrem Gefängnis. Sie banden ihr die Hände, und dann begann ihr Beichtvater die Teufelsaustreibung.

Sobald er seine ersten Gebete gesprochen hatte, vernahm man aus Magdalenas Körper eine Stimme, die sagte: »Ich bin der Teufel. Ich habe Gewalt über Legionen von Dämonen. Mit einem davon habe ich dieses Weib die ganzen Jahre über begleitet. Ich lasse es nicht mehr los, ihre Seele gehört mir.«

Magdalena begann plötzlich zu schwanken, und ein Schütteln überkam sie. Dann gestand sie, seit ihrem dreizehnten Lebensjahr mit den Geistern der Hölle in enger Verbindung gestanden zu haben. Alle Wunder waren durch die Macht des Bösen getan worden. Sie bekannte auch, ständig gelogen und Menschen, die ihr nicht hatten glauben wollen, geschädigt zu haben.

Als ihr Beichtvater von ihr verlangte, sie solle das Protokoll mit all diesen Geständnissen unterschreiben, warf sie sich auf ihr Lager und rief: »Ich kann nicht, Vater, nein, das kann ich nicht tun!«

Die Inquisition schaltete sich ein, und abermals wurde ein Priester geschickt, um den Teufel aus ihr zu vertreiben.

Nachdem sie wie eine Wahnsinnige geschrien hatte, gelang es dem Mann, die Dämonen aus ihr zu verjagen.

Als Magdalena schließlich das Protokoll über ihre Verfehlungen unterschrieben hatte, vergab ihr die Kirche, und Magdalena wurde gestattet, wieder am Ordensleben teilzunehmen.

Das Volk aber verehrte sie weiterhin, als ob nichts geschehen wäre, denn für die Leute waren das, was sie getan hatte, heilige Wunder.

Die Abenteuer des Maurers

Es lebte einmal in Granada ein armer Maurermeister, der alle kirchlichen und staatlichen Feste feierte, sich an Sonntagen, wie vorgeschrieben, jeder körperlichen Arbeit enthielt, ja sogar noch den heiligen Montag in Ruhe und beschaulicher Einkehr verbrachte. Trotz dieser seiner großen Frömmigkeit wurde er aber immer ärmer, und schon konnte er für seine vielköpfige Familie kaum mehr das tägliche Brot beschaffen. Eines Nachts nun weckte ihn der laute und energische Schlag des Türhammers aus dem ersten Schlaf. Eiligst lief er zur Haustür, öffnete und sah einen langen, mageren, fast skelettartig wirkenden Geistlichen vor sich.

»Hört, guter Freund«, sagte der unbekannte Priester leise zu dem erschrockenen Mann, »wie man mir sagt und wie ich selbst beobachtet habe, seid Ihr ein guter Christ, dem man trauen kann. Wollt Ihr für mich heute in der Nacht noch eine gut bezahlte, kleine Arbeit ausführen?«

»Aber freilich, sehr gern, hochwürdigster Pater; immer vorausgesetzt, daß der Lohn der Anstrengung entspricht.«

»Macht Euch darüber keine Gedanken. Mit Eurem Lohn werdet Ihr bestimmt zufrieden sein, allerdings bestehe ich darauf, daß Ihr mit verbundenen Augen zur Arbeitsstätte geht und so auch wieder in Euer Haus zurückkehrt; ich selbst werde Euch führen.«

Dem Maurer kam die Geschichte zwar etwas seltsam vor, doch Talar und Geldangebot zerstreuten alle seine Bedenken, und ohne weiter zu fragen, gab er seine Zustimmung.

Der Geistliche zog ihm also eine dunkle Kapuze über den Kopf und führte ihn dann kreuz und quer über holprige Gäßchen, krumme Wege und ausgetretene Stiegen längere

Zeit in der Stadt herum, bis sie vor einem Haus haltmachten.

Der Priester holte einen Schlüssel hervor, öffnete dann, wie es dem Maurer schien, einen schweren Torflügel. Sie traten ein, laut fiel das Portal zu und wurde von innen wieder verriegelt. Sie gingen nun durch einen langen, laut hallenden Korridor, durch Säle und enge Gemächer und blieben schließlich irgendwo stehen. Nun wurde dem Maurer auch die Kapuze vom Kopf genommen. Er befand sich in einem *patio*, dem Innenhof eines Gebäudes, der vom Schein einer einzigen schwachen Ölfunzel nur spärlich beleuchtet war. In der Mitte stand grau das trockene Becken eines alten maurischen Springbrunnens, unter welches der Handwerker von dem geistlichen Herrn aufgefordert wurde, ein kleines Gewölbe zu mauern. Steine, Mörtel und Handwerkzeuge standen bereit. Er konnte also sofort mit der Arbeit beginnen.

Der Maurer schaffte die ganze Nacht, doch trotz seines Eifers konnte er das Werk nicht vollenden. Unmittelbar vor Tagesanbruch gab ihm der Priester ein schweres Goldstück, zog ihm wieder die Kapuze über und führte ihn zu seiner Wohnung zurück.

»Seid Ihr bereit wiederzukommen, um die Arbeit fertigzustellen?«

»Gern, *señor padre*, vorausgesetzt, daß ich wieder ebensogut bezahlt werde!«

»Gut, um Mitternacht werde ich Euch wieder abholen.« Diesmal arbeitete der Handwerker, bis das Gewölbe kunstvoll vollendet war.

»Helft mir nun«, sagte der Priester zum Maurer, »die Leichen heranholen, die in diesem Gewölbe begraben werden sollen.«

Dem Maurer sträubten sich die Haare; schwankenden Schrittes folgte er seinem geheimnisvollen Führer in ein entlegenes Zimmer des Hauses und erwartete, zerstückelte menschliche Körper zu finden, die er nun einmauern sollte, um so vielleicht jede Spur eines Verbrechens oder Familiendramas aus der Welt zu schaffen. Erleichtert atmete er daher auf, als der *padre* in eine Ecke deutete, wo drei, vier große Krüge standen, die, wie er sich kurz darauf überzeugen konnte, sehr schwer waren.

Nur mit Mühe schleppten beide Männer die Amphoren bis zu ihrem unterirdischen Bestimmungsort. Der Priester schob hier den geheimnisvollen Schatz in das Gewölbe, das der Maurer gleich darauf verschließen mußte. Sein Auftraggeber befahl ihm, es mit Fliesen abzudecken und jedes Zeichen der vorgenommenen Arbeit zu verwischen.

Mit verbundenen Augen kam der brave Handwerker wieder auf die Straße und lief mit seinem unbekannten Begleiter durch viele Straßen und Gassen, bis sie endlich vor der Stadt waren. Dort blieben sie stehen. Der Priester drückte seinem Helfer zwei Goldstücke in die Hand und sagte: »Warte hier, bis die Glocke des Doms zur Frühmesse läutet, dann nimm die Kapuze ab und gehe zu deiner Frau und den Kindern. Tu es ja nicht früher, denn es würde dir sonst schlimm ergehen.« Der dürre Geistliche verschwand und ließ den Maurer allein. Dieser wartete getreulich, dem Auftrag entsprechend, und vertrieb sich die Zeit damit, daß er die Goldstücke von einer Hand in die andere warf und klingen ließ. Als endlich der laute Morgenruf der Glocke erscholl, riß er schnell die Binde von den Augen und fand sich am Ufer des *Genil*, von wo er ohne Zeitverlust nach Hause eilte.

Er lebte vierzehn Tage hindurch mit seiner Familie bei Wein und gutem Essen, in Saus und Braus, vom Ertrag der Arbeit dieser zwei Nächte und war nachher wieder so arm und hungrig wie vordem.

Allerdings war er etwas arbeitsscheu, betete aber viel und feierte alle Tage des Heiligenkalenders mit einer rühmenswerten Frömmigkeit und Ausdauer durch Jahr und Tag. Kein Wunder, daß seine Kinder zerlumpt herumliefen und einer Bande von Zigeunern glichen. So saß er eines Tages in erbaulichem Selbstgespräch vor seiner Hütte, als ein alter Granadiner Bürger vorbeikam, der wegen seines Reichtums an Geld und Häusern, aber auch wegen seines Geizes, wohlbekannt war.

Der Reiche schaute den armen Maurer unter den zottigen Augenbrauen hervor argwöhnisch an und sprach dann: »Man sagt mir, lieber Freund, daß Ihr sehr arm seid.«

»Die Wahrheit ist nicht zu leugnen; man sieht es mir wohl nur zu deutlich an, *señor.*«

»Also nehme ich an, daß Euch ein Auftrag willkommen ist, und Ihr preiswert arbeiten werdet.«

»Gewiß billiger, mein Herr, als irgendein anderer Maurer in Granada.«

»Dann seid Ihr mein Mann! Ich habe in der Innenstadt ein altes, verfallenes Haus, dessen Erhaltung mich mehr Geld kostet als es wert ist, denn niemand will darin wohnen. Ich muß es daher mit möglichst geringen Kosten zusammenflicken und ausbessern.«

Der Maurer wurde darauf in ein großes, verlassenes Haus geführt, das dem Einsturz nahe war. Er und der Besitzer gingen gemeinsam durch mehrere leere Hallen und muffige Zimmer, beschauten sich Wände und Decken und schritten dann auf den offenen Innenhof hinaus. Dort fiel der Blick des Handwerkers auf einen alten Brunnen in maurischem Stil. Er meinte, sich an diesen Ort erinnern zu können, und wie im Traum sah er die Geldkrüge, das Gewölbe und den hageren Priester wieder vor sich.

Mit etwas belegter Stimme fragte er den Begleiter: »Sagt Herr, wem gehörte dieses Gebäude in früheren Jahren?«

»Die Pest über ihn!« rief voll Zorn der Hausbesitzer aus. »Es war ein alter, geiziger Pfarrer, der nur an sich selbst dachte und keinem Menschen etwas schenkte. Er hatte weder Verwandte noch Freunde, und als er starb, dachten alle, er habe sein Vermögen der Kirche vermacht. Mönche, Priester und Nonnen kamen in Scharen, um den bei ihm erwarteten

Schatz in Empfang zu nehmen. Doch sie fanden so gut wie nichts. Lediglich einige wenige Dukaten in einem zerschlissenen, alten Beutel. Ich kaufte das Haus, verdammt sei der Tag, an dem mir der Gedanke kam, denn der alte Kerl geht hier noch immer um, zahlt keine Miete, verdirbt mir die besten Geschäfte, ohne daß ich etwas dagegen unternehmen könnte, weil man ja einen Toten bekanntlich nicht vor Gericht verklagen kann. Wie die Leute behaupten, hört man im Schlafzimmer des Priesters die ganze Nacht das Geräusch von Geld und Gold, das gezählt wird. Dann wieder vernimmt man im Hof lautes Klagen, Stöhnen und Seufzen, als sei jemand elend dran. Mögen nun diese Geschichten wahr oder erfunden sein, sie haben mein Haus in Verruf gebracht, und ich finde keinen Mieter, der darin bleiben möchte.«

»Ich verstehe«, sagte der Maurer beherzt, »warum laßt Ihr mich nicht zinsfrei in diesem Haus wohnen, bis Ihr einen besseren Mieter findet? Ich halte Euch das Gebäude in Stand und Ordnung! Auch werde ich den unruhigen Geist des Toten bannen, denn ich bin ein frommer Christ, dem selbst der leibhaftige Teufel in Gestalt eines Geldsackes nichts anzuhaben vermag.«

Gern nahm der alte Geizhals das Angebot des braven Maurers an. Am gleichen Tag zog dieser noch mit Kind und Kegel ein und erfüllte jederzeit getreulich seine Pflichten, wie er es versprochen hatte. Nach und nach brachte er sein neues Heim wieder in seinen früheren Zustand, machte es wohnlich und gefällig anzusehen.

Bald hörte nun auch das Klimpern des Goldes auf, das man früher im Zimmer des verstorbenen Priesters gehört hatte. Ein Wunder war geschehen, denn nun klang das Geld und Gold Tag und Nacht leise, aber nachdrücklich in den Taschen des in das Haus eingezogenen Maurers.

Der Mann wurde überraschend schnell wohlhabend, was alle Leute von Granada mächtig wunderte. Mit der Zeit war er gar einer der reichsten Männer weit und breit. Große Summen schenkte er der Kirche und ihren Priestern und Nonnen, wohl um sein christliches Gemüt zu beruhigen. Das Geheimnis des Gewölbes und die Geschichte des Herkommens seines Reichtums aber verriet er erst auf dem Sterbebett seinem Sohn und Erben.

Die Legende von dem arabischen Astrologen

In alten Zeiten, vor vielen hundert Jahren herrschte einmal ein maurischer Fürst mit Namen Aben Habuz über das Königreich Granada. Er war ein Eroberer, der sich, nach einem Leben voll Kampf und durch Raubzüge reich geworden, nun im Alter nach Ruhe sehnte. Schwach und kränklich wollte der alte Haudegen mit der ganzen Welt in Frieden leben, sich die Lorbeeren seines Ruhms bewahren und in Ruhe den Besitz genießen, den er in früheren Jahren seinen Nachbarn kaltblütig entrissen hatte.

Es begab sich indessen, daß dieser höchst verständige und friedliebende alte Monarch es mit jungen Nebenbuhlern zu tun bekam. Diese Fürsten und Prinzen erfüllte, wie einst ihn selbst, ein großes Verlangen nach Ruhm und Kampf, und sie alle wollten das ihren Vätern früher zugefügte Unrecht rächen und alte Scharten auswetzen.

Ja ganze Provinzen seiner eigenen Lande erhoben sich in Waffen gegen ihn, der sie in den Tagen seiner Kraft und Stärke grausam und hart behandelt hatte. Von allen Seiten war er also von Feinden umringt, und sie drohten ihn bereits aus seiner Hauptstadt zu verjagen.

Der unglückliche Landesvater war krank und bedrückt. Wegen der gebirgigen Umgebung von Granada war dauernde Wachsamkeit erforderlich, da man nie wissen konnte, ob sich in den engen Gebirgsschluchten nicht Feinde verborgen hielten, die plötzlich zum Angriff übergehen konnten.

Unnütz schienen die Wachttürme auf den Bergen und die Feldwachen auf Pässen und Hängen, die nachts mit Feuer und tagsüber mit Rauchzeichen jede Annäherung von Feinden schnellstens zur Königsburg melden sollten. Durch ihre Schläue ließen seine Gegner alle Vorsichtsmaßregeln zum Gespött werden und machten jede strategische Planung zunichte.

Unerwartet brachen sie aus einem unübersichtlichen Engpaß hervor, verwüsteten ihm sein Land vor der Nase und machten sich dann mit Gefangenen und reicher Beute in die Berge davon. War je ein friedliebender ehemaliger Krieger in einer unbehaglicheren Lage als dieser nach Ruhe und Beschaulichkeit seufzende alte Eroberer?

Während Aben Habuz von Schwierigkeiten und Sorgen dieser Art gequält wurde und in schlaflosen Nächten zum Himmel um Hilfe flehte, kam eines Tages ein alter arabischer Arzt an den Königshof. Des Weisen Bart fiel bis auf den Gürtel herab, und alles zeugte von seinem hohen Alter. Der gebrechliche, ehrwürdige Greis hatte den ganzen Weg von Ägypten her zu Fuß und ohne irgendeine Hilfe zurückgelegt; als einzige Stütze diente ihm sein mit Hieroglyphen bedeckter Wanderstab.

Der Ruf eines großen Denkers ging dem gelehrten Mann voraus, und auch am granadinischen Maurenhof war der Name Ibrahim Ebn Abu Ayub, so nämlich hieß der Astrologe aus dem fernen Morgenland, wohlbekannt und allgemein geehrt. Man erzählte sich, und manche behaupteten, da gebe es gar keinen Zweifel, daß er seit den Tagen Mohammeds lebe und der Sohn von Abu Ayub sei, dem letzten der Gefährten des Propheten. Schon als Knabe war er dem Eroberungsheer Amrus nach Ägypten gefolgt; dort hielt er sich über viele, viele Jahre hin unter den hochgelehrten Priestern auf und lernte deren geheime Wissenschaften, ganz besonders aber die so tiefschürfende ägyptische Magie.

Auch glaubte man von ihm zu wissen, daß er das Geheimnis, das Leben zu verlängern, kenne, weswegen er inzwischen ein Alter von über zweihundert Jahren erreicht habe.

Dieser Mann wurde vom König ehrenvoll aufgenommen und in hoher Gunst gehalten, was leicht verständlich war, denn allen alten Monarchen, kranken Machthabern und gichtbrüchigen Potentaten sind Ärzte und Gesundbeter hochwillkommen. Der König wollte ihm eine Zimmerflucht in seinem Palast anweisen, aber der Sternkundige zog eine Höhle als Wohnung vor. Er fand sie auf der Granada zugekehrten Seite jenes Berges, dort wo sich heute stolz die Alhambra erhebt. Er ließ von kundigen Arbeitern diesen seinen künftigen Wohnraum zu einer weiten hohen Halle erweitern. Oben in der Decke wurde durch den Fels ein rundes Loch geschlagen, so daß er, wie aus einem Schacht, den Himmel beobachten und die Sterne selbst am Mittag sehen konnte. Die hohen Wände dieses Saales waren mit ägyptischen Hieroglyphen bedeckt. Er stellte drinnen an bestimmten Plätzen Apparate und Gestelle auf, die gemäß seinen Anordnungen von den geschicktesten Handwerkern Granadas angefertigt wurden, deren Ziel und Zweck und Eigenschaften aber nur er allein kannte.

Schon nach kurzer Zeit war der weise Ibrahim der engste Berater des alten Königs, der ihn bei jedem wichtigen Problem um seine Meinung fragte. Einst beklagte sich Aben Habuz bitter über seine ruchlosen fürstlichen Nachbarn und erzählte dem gespannt zuhörenden Magier von der seine Gesundheit aufreibenden Wachsamkeit, die er üben müsse, um sich vor den Übergriffen dieser Raubgesellen zu schützen. Als er zu Ende gekommen war, schwieg der Astrologe nachdenklich, und nach einer Weile erwiderte er mit leiser Stimme: »Wisse, o König, daß ich während meines Aufenthaltes in Ägypten ein wundervolles Kunstwerk sah, das einer der alten heidnischen Priester vor vielen Jahren erdacht hatte. Auf einem Berg über der Stadt Borsa, wo man das große Tal des Nils überschauen kann, stand aus Erz gegossen die Figur eines Widders und darüber die eines Hahnes; beide Tierbilder konnten sich auf Zapfen und Angeln drehen. Und nun staune über das Wunderwerk! Wenn immer dem Land ein feindlicher Einfall drohte, dann schwenkte der Widder in seinem Lager herum und schaute in die Richtung des Angreifers, und der Hahn begann, laut zu krähen. Die Bewohner der Stadt hatten also sofort Kunde von der Gefahr und wußten gleich von vornherein die Stellung des Gegners und kannten innerhalb kurzer Zeit die Stoßrichtung seiner Truppen. Es war jetzt leicht, die zweckdienlichen Vorkehrungen zu treffen, um sich zu schützen und den Widersacher zu vernichten.«

»Gott ist groß!« rief der friedfertige Aben Habu, »welch ein Schatz wäre ein solcher Widder, der unermüdlich Wache hielte und kein Auge von den Bergen der Umgebung ließe! Und erst der Hahn, dessen Krähen die wehrhaften Männer meiner Garden zu den Waffen ruft! *Allah akbar!* Wie ruhig und sicher könnte ich mit einem solchen Späher auf dem Turm in meinen Gemächern leben!«

Der Astrologe wartete, bis sich der König etwas beruhigt hatte, und fuhr dann fort: »Nachdem der siegreiche Amru – er möge in Frieden ruhen! – die Eroberung Ägyptens vollendet hatte, blieb ich weiterhin bei den alten Priestern des Landes und machte mich mit den Gebräuchen und Riten ihres Götzenglaubens bekannt. Ich suchte jene geheimen Kenntnisse zu erwerben, für die sie so berühmt und gefürchtet waren. So saß ich wieder einmal am Ufer des Nils und unterhielt mich mit einem der erfahrensten Gelehrten. Während des Gesprächs wies er mit seiner ausgestreckten Rechten nach den mächtigen Pyramiden, die Bergen gleich aus der benachbarten Wüste emporragten.

›Alles, was wir dich lehren können‹, sagte er, ›ist nichts im Vergleich zur Weisheit und zur Wissenschaft, die in jenen mächtigen Steinbauten eingeschlossen und verborgen liegt. In der Grabkammer der mittleren Pyramide drüben ruht die Mumie des Hohepriesters, der diese staunenswerten Gebäude errichten half. Dort drinnen mit ihm vergilbt das so wundervolle Buch der Weisheit, das alle Geheimnisse der Kunst und

Magie enthält. Dieses Buch wurde Adam nach seinem Fall übergeben und kam dann von Geschlecht zu Geschlecht bis auf Salomon den Weisen, der mit dessen Hilfe den Tempel von Jerusalem erbaute. Wie diese wertvollen Papyri in den Besitz des Erbauers der Pyramiden kamen, das weiß nur der, dem alle Dinge bekannt sind.‹

Als ich diese Worte des ägyptischen Priesters hörte, entflammte mein Herz, und es wurde mir klar, daß ich alles tun müsse, um in den Besitz dieses Buches zu gelangen. Mir standen viele Soldaten und eine große Anzahl eingeborener Ägypter zur Verfügung, über deren Dienste ich bestimmen konnte. Mit diesen Hilfskräften ging ich tatkräftig ans Werk und ließ die undurchdringlich scheinende Steinmasse der bezeichneten Pyramide öffnen; nach großen Anstrengungen und schwerer Arbeit stieß ich endlich auf einen ihrer inneren und verborgenen Gänge. Ich folgte diesem und betrat ein furchtbares Labyrinth, durch das ich mich bis in das Herz der Pyramide durchkämpfte und endlich den Weg zur Grabkammer fand. Dort lag seit Jahrhunderten unangetastet die Mumie des Hohepriesters.

Ich zerschlug die äußere Schutzhülle des einbalsamierten Körpers, entfernte die vielen Binden und Tuchstreifen, in die sie gewickelt war, und endlich fand ich, der Herzschlag stockte mir, das kostbare Buch. Es lag auf der eingetrockneten Brust des Leichnams, dessen dürre Hände es umklammerten.

Zitternd vor Aufregung riß ich den Schatz an mich und suchte schnellstens aus der Pyramide zu entkommen. Die Mumie ließ ich in ihrem dunklen und stillen Grabe, auf daß sie dort den Jüngsten Tag der Auferstehung und des Gerichts erwarten möge.«

»Sohn des Abu Ayub«, rief Aben Habuz, »du hast viele Länder gesehen und wunderbare Dinge beobachtet; doch wozu nützt mir das Geheimnis der Pyramide und das gelehrte Buch des weisen Salomo?«

»Wohl kann es dir nützen, mein König! Genau studierte ich den Inhalt dieses Buches des Wissens, so daß ich heute in allen magischen Künsten unterrichtet bin und über Geister gebiete, die meine Pläne und mein Wollen fördern und ausführen. Mir ist das Geheimnis des Wunders von Borsa bekannt, und ich kann dir einen Talisman von größeren Wunderkräften bauen, als der Widder und der Hahn zu Borsa es waren, die jener Priester einst schuf.«

»Kluger Sohn des Abu Ayub«, sprach Aben Habuz,«solcher Talisman wäre besser als alle Wachtürme auf den Bergen und alle Wächter und Krieger an den Grenzen. Gib mir diesen Schutz, und alle Reichtümer meiner Schatzkammern sollen dir zur Verfügung stehen.«

Der Astrologe ging sofort an die Arbeit, um den Wunsch des Königs zu verwirklichen. Er ließ auf dem höchstgelegenen Teil des Palastes, der sich auf der Kuppe des Albaicin erhob, einen mächtigen Turm errichten. Als Baumaterial verwendete er quaderähnliche Steine, die vor Zeiten in Ägypten behauen wurden und, wie man sagt, von einer der ältesten Pyramiden stammen sollen. Im obersten Teil des Turmes war ein runder Saal, dessen Fenster nach allen Himmelsrichtungen hin ins Freie zeigten. Vor jedem Fenster befand sich ein Tisch mit einer schön gearbeiteten Platte, worauf, wie auf einem Schachbrett ausgerichtet, viele kleine aus Holz geschnitzte Figuren standen; ein symbolisches Heer von Reitern und Kriegern zu Fuß und auf Streitwagen, angeführt von demjenigen Fürsten, der in der jeweiligen Richtung Habuz' Nachbar war.

Auf jedem dieser sinnbildlichen Schlachtfelder lag auch eine kleine lanzenförmige Nadel, die bestimmte chaldäische Schriftzeichen trug. Der beschriebene Saal wurde immer verschlossen gehalten; die Türen waren aus Bronze und die Schlösser aus hartem Eisen. Die Schlüssel trug der König ständig bei sich.

Auf der Spitze des Turmes stand, auf einem Zapfen drehbar, die Bronzestatue eines maurischen Reiters. Den festen

Schild im starken Arm, die Lanze gesenkt, so schaute der eherne Maure auf seine Stadt hinab, als wache er über sie. Wenn aber irgendein Feind den Grenzen der Heimat nahe kam, dann drehte sich der Ritter in diese Richtung und legte die Lanze wie zum Kampf ein.

Als das Wunderwerk fertig war, wurde der König ganz ungeduldig. Er wollte sobald wie möglich seine geheime Kraft ausprobieren, er wünschte nun sehnsüchtiger einen feindlichen Überfall herbei, als er je in früheren Jahren nach Ruhe geseufzt hatte. Und bald sollte sein Wunsch sich erfüllen.

Eines Morgens zu sehr früher Stunde brachte der den Turm bewachende Posten die Nachricht, daß der Reiter auf dem Giebel nach der Sierra Elvira schaue und die Lanzenspitze nach dem Paso de Lope weise.

»Laßt mit Trommeln und Trompeten zu den Waffen rufen und ganz Granada alarmieren«, befahl mit lauter Stimme König Aben Habuz.

»O edler König«, sagte der Astrologe, »beunruhige nicht die guten Bürger deiner Stadt, nicht all die Krieger in ihren Quartieren, denn wir können ihre Waffenhilfe entbehren. Entlasse deine Begleiter. Ganz allein wollen wir zu dem geheimen Saal auf dem Turm gehen.«

Der greise Aben Habuz stieg langsam die steile Turmtreppe hinauf. Er stützte sich auf den Arm des fast zweihundertjährigen Ibrahim Abu Ayub. Sie schlossen die Tür auf, diese knarrte laut in den Angeln, und beide traten in die helle Halle.

Das Fenster in der Richtung nach dem Paso de Lope stand offen.

»In dieser Gegend steht der Feind; von dort droht Gefahr«, sagte Ibrahim und wies zu dem weit geöffneten Fenster. »Tritt heran, o König, und betrachte das Geheimnis, das sich dir auf der Tischplatte zeigt.«

Der König Aben Habuz näherte sich dem scheinbaren Schachbrett, auf dem, wie er wußte, die kleinen hölzernen

Figuren aufgestellt waren. Interessiert betrachtete er die Truppen und schaute fragend zum Astrologen. Dieser wies stumm lächelnd auf den Tisch, und da bemerkte der König mit Erstaunen, daß sich die ganze Formation bewegte, daß die kleinen Figürchen zu leben schienen. Die Streitrosse bäumten sich auf, trippelten und galoppierten; die Krieger schwangen ihre Waffen, und man hörte den klaren Klang von Trommelwirbeln, Trompetenstößen, das Klirren von Schwertern und Lanzen, Kommandorufe und das Wiehern der Pferde. Doch alles tönte leise, nicht lauter, noch deutlicher als das Brummen der Hummeln und das Summen der Fliegen im Ohr des schläfrigen Wanderers, der an einem heißen Mittag im Schatten eines Baumes ausruht.

»Siehe, o König«, sagte der alte Magier, »hier hast du den Beweis, daß deine Feinde dich mit Krieg überziehen wollen. Sie rücken über das Gebirge vor und werden durch die Engpässe von Lope in die Ebene vorstoßen. Willst du Schrecken unter sie bringen, sie zu einem raschen Rückzug ohne Verluste von Menschenleben zwingen, dann schlage die Figuren auf dem Tisch mit dem stumpfen Ende, mit dem Knopf der magischen Lanze. Willst du aber ein Gemetzel unter ihnen anrichten, sollen sich deine Feinde selbst zerfleischen, dann berühre die hölzernen Krieger mit der feinen Spitze des kleinen Speers.«

Ein dunkler Schatten flog über das Antlitz des friedliebenden Monarchen; hastig faßte er nach der zauberkräftigen Waffe und trat an den Tisch. Der weiße Patriarchenbart zitterte im ehrwürdigen Gesicht des Herrschers über das granadinische Volk, als er leise zwischen seinen Zahnlücken hervorzischte: »Sohn des Abu Ayub, ich denke, da wird ein wenig Blut vonnöten sein.«

Wie gesagt, so getan! Der König stieß die Zauberlanze in einige der sich bewegenden Zwerggestalten und bearbeitete gleich darauf wieder andere mit deren stumpfem Ende. Welch Wunder! Die einen fielen wie tot auf den Boden, und die übrigen begannen untereinander zu streiten und erschlugen sich in einem mörderischen Handgemenge.

Es kostete den Astrologen viel Mühe, der Hand des friedlichsten und besten aller Monarchen Einhalt zu gebieten, um ihn von einer völligen Vernichtung seiner Feinde abzuhalten. Doch schließlich gelang es ihm, den König zu beruhigen und ihn zu veranlassen, vom Turm herabzusteigen und Kundschafter durch den Engpaß von Lope zu senden.

Diese kehrten mit der Nachricht zurück, ein starkes christliches Heer sei durch das Herz der Sierra bis auf Sichtweite von Granada vorgedrungen; doch plötzlich, ohne erkennbaren Grund, wäre unter den Kriegern und den sie anführenden Fürsten ein Streit ausgebrochen, und nach einem mörderischen Kampf aller gegen alle habe sich die Invasionsarmee in Auflösung über die Grenzen in ihre Heimat zurückgezogen.

Aben Habuz war außer sich vor Freude, als er die Wirksamkeit und die magische Kraft des Talismans auf solche Art bestätigt fand.

»Endlich«, sagte er, »werde ich ein ruhiges Leben führen, denn alle meine Feinde können mir nichts mehr anhaben; ich habe sie nunmehr gänzlich in meiner Gewalt. Oh, weiser Sohn des großen Abu Ayub, was soll ich dir zum Lohn für dieses so segensreiche Kunstwerk schenken?«

»Gering und einfach sind, mein König, die Bedürfnisse eines alten Mannes und Philosophen; stelle mir die Mittel zur Verfügung, meine Höhle und Klause in eine wohnliche Einsiedelei zu verwandeln, dann bin ich völlig zufrieden.«

»Wie edel ist doch die Mäßigung des wahrhaft Weisen!« rief Aben Habuz aus, herzlich froh, daß er so billig davongekommen war. Umgehend berief er seinen Schatzmeister und befahl ihm, alle jene Gelder flüssig zu machen, die Ibrahim zur Vollendung und Ausstattung seiner Klause erbeten hatte.

Der Astrologe ließ nun von geübten Steinmetzen verschiedene Räume aus dem Felsen heraushauen; es entstand so nach künstlerischen, von ihm selbst ausgearbeiteten Entwürfen, eine Zimmerflucht, die er mit der bereits bestehenden astronomischen Halle verband. Die Wände wurden mit schweren Seidenstoffen aus Damaskus verkleidet, Diwane und schwellende Ottomanen luden zu Ruhe und Meditation, zu sinnenden Betrachtungen und philosophischem Denken ein.

»Ich bin ein alter Mann«, sagte Ayub, »und kann mit meinen brüchigen Knochen nicht mehr auf steinernen Lagern ruhen, wie auch diese feuchten Zellenwände im lebenden Fels einer Verkleidung bedürfen, denn unästhetisch wären doch für Künstleraugen wassertriefende Mauern.«

Auch befahl er, Bäder einzurichten und versah diese dann mit aller Art von Wohlgerüchen und aromatischen Ölen. »Ein Bad«, meinte er, »ist notwendig, um der Steifheit des Alters entgegenzuwirken und dem durch das Studium eingeschrumpften Körper wieder Frische und Geschmeidigkeit zu geben.«

Dann ließ er die Zimmer und Säle mit unzähligen und herrlichen Lampen und Ampeln aus Silber und Kristall schmücken, die ihrerseits mit einem wohlriechenden Öl gefüllt wurden, das nach einem von ihm in den Gräbern Ägyptens entdeckten Rezept hergestellt wurde. Das Öl verzehrte sich nie und strömte einen sanften Schein aus, gleich der Sonne in den frühen Morgenstunden.

»Das Tageslicht«, sagte Ibrahim den königlichen Mitarbeitern, »ist zu grell für das Auge eines alten Mannes, und viel angemessener finde ich den ruhigen Schein der Lampen, denn er fördert die geistige Sammlung und die Studien eines Philosophen.«

Der Schatzmeister des Königs Aben Habuz stöhnte und seufzte über die Menge Geldes, die er täglich zur Ausstattung der Einsiedelei hergeben und der Staatskasse entnehmen mußte. Bald trug er eine diesbezügliche Klage seinem Herrn vor. Aber Aben Habuz hatte sein Wort verpfändet, und das einmal gegebene Versprechen mußte gehalten werden. Mit den Schultern zuckend, antwortete der König dem vor ihm stehenden Hofmarschall:

»Wir müssen Geduld haben. Der Alte baut sich sein Philosophenheim nach Plänen und Vorstellungen, die auf seine Besuche und Studien in Pyramiden und auf ägyptischen Trümmerfeldern, in Tempeln und Pharaonenpalästen zurückzuführen sind. Aber alles hat ja einmal sein Ende, so bestimmt auch die Einrichtung dieser Astrologenhöhle.«

Und der König hatte recht; die Klause war endlich fertig und bildete einen prachtvollen, unterirdischen Märchenpalast.

»Ich bin nun zufrieden«, sagte der anspruchslose Ibrahim Ibn Abu Ayub zu dem Schatzmeister, »ich ziehe mich in meine Zelle zurück und widme von nun an die Zeit dem Studium und der philosophischen Meditation. Ich brauche nichts mehr, gar nichts, außer einen ganz unbedeutenden Zeitvertreib, um mich in den Arbeitspausen unterhalten und nach Stunden ernsten Denkens geistig entspannen zu können.«

»Nun, Ibrahim, verlange was du willst. Alles soll beschafft werden, wonach es dir in deiner Einsamkeit gelüstet.«

»Dann möchte ich noch eine Anzahl von Tänzerinnen haben«, sagte ernst der einsiedlerische Philosoph.

»Tänzerinnen?« fragte der erstaunte Schatzmeister.

»Ja, Tänzerinnen«, erwiderte überlegt der Weise. »Es brauchen nicht viele zu sein, denn ich bin ein alter Mann, ein Philosoph von einfachen Gewohnheiten und leicht zufriedenzustellen. Die ausgewählten Mädchen müssen jedoch jung und schön sein, weil ja nur Jugend und Schönheit das Herz eines alten Mannes höherschlagen läßt und seinen Kennerblick erfreut.«

Während nun der Philosoph Ibrahim Ibn Abu Ayud seine Zeit so weise und zurückgezogen in der Klause hinbrachte, führte der friedfertige Aben Habuz im Turmzimmer hinter fest verschlossenen Türen wütende Scheinkriege. Es war höchst rühmlich für einen alten Mann von ruhigen Sitten, wie er, um sich das Kriegshandwerk so leicht als möglich zu machen und von seinem Zimmer aus sich damit zu unterhalten, ganze Heere wie Fliegenschwärme verjagte.

Eine Zeitlang schwelgte er in der Befriedigung seiner Launen und reizte, verspottete und beleidigte sogar seine Nachbarn, um sie zu Überfällen in sein Land zu verleiten. Aber allmählich beeindruckte sie doch ihre militärische Machtlosigkeit dem Granadiner gegenüber, und als Folge der wiederholten Niederlagen wagte endlich niemand mehr, dessen Gebiet in feindlicher Absicht zu betreten.

Viele Monde blieb der eherne Reiter auf der Turmspitze in Friedensstellung und schaute zufrieden auf das schöne Granada herab. Der würdige Monarch wurde ob der Eintönigkeit des Lebens schon ganz verdrießlich, und er empfand das Fehlen des gewohnten Zeitvertreibs wirklich äußerst schmerzlich.

Da, eines Tages drehte sich der Reiter plötzlich herum, senkte sofort seinen langen Speer zum Angriff und deutete beharrlich hinauf auf die Berge von Guadix. Aben Habuz eilte umgehend auf den Turm, lief zum offenen Fenster, aber der magische Tisch davor blieb ruhig; kein einziger Krieger war in Bewegung, unbelebt blieben die Zwergfiguren. Von diesem Umstand etwas verwirrt, schickte er sogleich einen Trupp Reiter los und befahl ihnen, das ganze Gebirge zu durchstreifen und zu durchforschen. Nach dreitägiger Abwesenheit kamen sie endlich zurück und meldeten ihrem obersten Kriegsherrn: »Wir haben den Engpaß durchsucht, jeden Berg und jeden Wald durchstöbert«, berichteten sie, »aber wir fanden nichts, weder Helm noch Speer ward sichtbar. Alles, was uns in die Hände fiel, ist ein christliches Mädchen von außerordentlicher Schönheit, das wir um Mittag neben einem Brunnen im Schatten grüner Ölbäume schlafend antrafen, und das wir dir nun als Gefangene mitbringen.«

»Ein Mädchen von außerordentlicher Schönheit!« rief Aben Habuz mit zitternder Stimme und vor Erregung funkelnden Augen. »Man führe es hierher vor meinen Diwan!«

Die schöne Unbekannte wurde vor den König geleitet. Sie war in all die reiche Pracht gekleidet, die zur Zeit der arabischen Eroberung bei der hispano-gotischen Bevölkerung Iberiens Sitte war. In ihren schwarzen Zöpfen trug sie Perlen von blendend funkelndem Weiß; kostbares Geschmeide glitzerte auf Stirn und Nacken und wetteiferte mit dem Glanz ihrer herrlichen Augen. Über die Schultern hing eine goldene Kette; sie reichte ihr bis zur Hüfte und hielt eine feingeschwungene, silberne Leier.

Die Strahlen ihrer dunklen, glänzenden Augen trafen wie Flammenpfeile das verwitterte und verwelkte, aber noch immer entzündbare Herz des ehrwürdigen Aben Habuz; die schwellende Üppigkeit ihres Wuchses, die aufreizende Elastizität ihres Körpers ließ seine Sinnlichkeit zu neuem Leben erwachen.

»Schönste aller Frauen«, rief er entzückt, »wer und was bist du?«

»Die Tochter eines der Gotengrafen, die noch vor kurzer Zeit dieses Land beherrschten. Die Krieger meines Vaters wurden wie durch Zauberkraft in diesem Gebirge vernichtet und er selbst mit den wenigen Überlebenden in die Verbannung getrieben. Seine Tochter ist nun deine Gefangene.«

»Hüte dich, König!« flüsterte Ibrahim Ibn Abu Ayub dem maurischen Monarchen ins Ohr, »es könnte dies eine jener nordischen Zauberinnen sein, von denen uns berichtet wird, daß sie die aufreizendsten und verführerischsten Formen und Gestalten annehmen, nur um arglose Männer, auf die sie es abgesehen haben, zu betören und zu berücken. Ich meine, Zauberkraft in ihren Augen zu lesen und Hexerei in jeder ihrer Bewegungen. Dies ist ohne Zweifel der Feind, den uns der eherne Reiter meldete.«

»Sohn des Abu Ayub«, erwiderte der König überlegen lächelnd, »ich gebe gerne zu, daß du ein weiser Mann, ein großer Philosoph und ein seltener Zauberer bist; aber von Frauen, lieber Freund, scheinst du wirklich wenig zu verstehen. In Kenntnissen über die weibliche Seele tut es mir keiner gleich, nein, auch der weise Salomon nicht, trotz der Vielzahl seiner Frauen und Konkubinen. Was nun dieses liebenswerte Mädchen anbelangt, so sehe ich wirklich keinen Makel an ihr; sie ist schön anzusehen und findet daher Gnade und Gunst vor meinen königlichen Augen.«

»Hör mir jetzt gut zu, mein König!«, erwiderte der Astrologe. »Ich habe dir mit meinen Kenntnissen und dem ehernen Talisman auf dem Turm zu vielen Siegen verholfen und niemals einen Beuteanteil von dir gefordert, wie es eigentlich Brauch und Sitte gewesen wäre. So gib mir denn heute diese verirrte Gefangene, auf daß sie mich in meiner Einsamkeit mit Gesang und Leierspiel aufmuntere und erfreue. Sollte sie aber wirklich eine Hexe sein, dann habe ich die wirksamen Gegenmittel, die all ihren Zauber unwirksam machen.«

»Was!« schrie der König Aben Habuz, »noch mehr Weiber willst du haben? Hast du denn an den Tänzerinnen, die dir die Zeit vertreiben, nicht genug?«

»Ja, Tänzerinnen habe ich allerdings genug«, sagte ernst der Einsiedler, »aber es fehlen mir Sängerinnen, und mein Geist bedarf dringend der Entspannung und Erfrischung, wenn er von meinen anstrengenden Studien und schwerer Denkarbeit ermüdet ist.«

»Genug, alter Eremit!« rief erzürnt der König und sagte, jedem Wort Nachdruck verleihend:

»Dieses schöne Christenmädchen ist für mich selbst bestimmt. Ich finde großen Gefallen an ihr, und sie soll mich trösten gleich der Sunamitin Abisag, deren Gesellschaft den alten Tagen Davids, des Vaters Salomons des Weisen, Glanz verlieh.«

Weitere Bitten des Astrologen blieben erfolglos; der König wollte um keinen Preis das schöne Mädchen hergeben, und schließlich trennten sich der König und der Magier, erzürnt und zerstritten wegen einer Frau. Ibrahim schloß sich in seiner Klause von der Welt des Hofes ab, um brütend und philosophierend darüber zu sinnen, wie es denn hatte angehen können, daß sein königlicher Freund seine wohlgemeinten Ratschläge so leichtsinnig mißachtet hatte. Aber wo gibt es einen verliebten Greis, der auf einen Freundesrat hört? Aben Habuz war ein Sklave seiner Leidenschaft. Er wollte sich mit allen Mitteln bei der gotischen Schönen einschmeicheln, ihr gefallen und sich in den Besitz ihres Herzens setzen. Er war zwar nicht mehr jung, aber er besaß Geld, Gold und Schätze, und wenn ein alter Liebhaber wirbt, dann ist er auch gewöhnlich sehr freigiebig. Der Zacatin von Granada wurde nach den kostbarsten Erzeugnissen des Orients durchwühlt: Seidenstoffe, Juwelen, herrliche Edelsteine, auserlesene Wohlgerüche, alles, was Asien und Afrika Kostbares und Seltenes boten, wurden der spröden Grafentochter zu Füßen gelegt. Künstler ersannen Schauspiele und Festlichkeiten zu ihrer Unterhaltung. Es gab Musik, Gesang, Tanz, Kampfspiele und Stiergefechte. Granada feierte so ausschweifende Feste wie niemals zuvor, noch je danach. All das schien die Prinzessin nicht zu berühren. Sie nahm diese Huldigungen hin wie jemand, der solche Pracht selbstverständlich gewohnt ist. Es war für sie der Tribut, den man ihrer Schönheit schuldete. Ja, es schien, als ob sie ein geheimes Vergnügen daran fände, den König zu Ausgaben zu veranlassen, die seinen Schatz hinschwinden ließen und deren Zahlung dem Hofmarschall immer mehr Kopfzerbrechen bereitete. Dabei behandelte sie seine übermäßige Freigebigkeit wie etwas, was sich ganz von selbst verstünde, ohne daß der König mit seinem Eifer und seiner Großzügigkeit auf die so verehrte Schöne den geringsten Eindruck gemacht hätte. Sie zürnte ihm zwar nie, auch machte sie keine finsteren Mienen, aber sie lächelte auch nie, und kein freundliches Wort kam über ihre kalten und schön geschwungenen Lippen. Sooft der königliche Liebhaber seinen Gefühlen Ausdruck verleihen und von seiner heißen Liebe sprechen wollte, griff sie in die Saiten ihrer silbernen Leier und entlockte ihr wundervolle Töne. Augenblicklich fing dann der König zu nicken an, Schläfrigkeit übermannte ihn, und bald sank er in tiefen Schlummer. Herrlich erfrischt erwachte er später wieder, und für Tage schien alle Leidenschaft aus seinem Herzen gewichen zu sein. Dem Liebeswerben war dies allerdings nicht förderlich, doch begleiteten angenehme Traumbilder diesen Zauberschlaf, die den Sinn des müden Liebenden derart fesselten, daß er weiter träumte, während ganz Granada über ihn lachte und den Schätzen nachtrauerte, die er für ein Spiel auf der Leier vergeudete.

Da kam es schließlich zu einem gefahrvollen Ereignis, vor dem der bronzene Maurenreiter seinen Herrn und König nicht warnen konnte. In der eigenen Hauptstadt kam es zu einer Rebellion und zu einem Volksaufstand. Ein bewaffneter Pöbel umzingelte den Palast des Aben Habuz und schrie blutrünstig nach den Köpfen der königlichen Bewohner. In der Brust des alten Recken glomm immer noch ein Funke kriegerischen Geistes. An der Spitze einer kleinen Schar treuer Leibwächter machte er einen tapferen Ausfall, jagte die Rebellen in die Flucht und erstickte die Empörung im Keime.

Als die Ruhe wiederhergestellt war, suchte er sogleich den Astrologen auf, der sich noch immer in seiner unterirdischen Klause vom Hofleben abgewandt aufhielt und, wenn er auch nicht gerade auf Rache sann, doch darüber nachdachte, wie er in den Besitz der schönen Gotin gelangen könnte.

Versöhnlich gestimmt, sprach zu ihm Aben Habuz: »Wie weise du doch bist, Sohn des großen Abu Ayub! Wohl hast du mich vor dieser gefangenen Schönheit gewarnt und

Gefahren vorhergesagt, die von ihr ausgehen würden; verkünde mir nun du, der du jedes kommende Übel schon im Schoß der Zeit vorhersehen kannst, was ich tun soll, um in Frieden leben zu können.«

»Entferne die Ursache allen Übels und schicke diese ungläubige Frau fort.«

»Lieber laß ich von meinem Königreich«, rief Aben Habuz. »Du schwebst in der Gefahr, beides zu verlieren«, erwiderte der Astrologe.

»Zürne mir nicht, weisester aller Philosophen. Erwäge die doppelte Not, das zweifache Unglück in der Brust eines Menschen, der zugleich König und Liebender ist. Zeige mir Mittel und Wege, mich vor drohendem Unheil zu schützen. Ich verlange nicht nach Ruhm, es gelüstet mich nicht nach Macht! Ich sehne mich nur nach Ruhe, nach einem stillen Zufluchtsort, wohin ich mich von der Welt und allen ihren Sorgen, ihrem Prunk und ihren Unruhen zurückziehen kann, um dort den Rest meiner Tage in Frieden und Liebe zu verbringen.«

Mit gerunzelter Stirn und unter den dichten Augenbrauen blinzelnd, blickte ihn der Astrologe an und sprach: »Und was gibst du mir, wenn ich dir einen solchen Zufluchtsort verschaffe, ehrwürdigster aller Könige?«

»Du selbst sollst deinen Lohn bestimmen, und was es auch sein mag, bei meiner Seele, es soll dir gehören, wenn es sich im Bereich meiner Macht befindet.«

»Hast du schon etwas von dem Garten von Jrem gehört, o König, jenem Wunder des glücklichen Arabiens?«

»Ich habe davon gehört; schließlich spricht auch der Prophet im Koran davon, in jenem Kapitel, das mit ›Die Dämmerung des Tages‹ überschrieben ist. Zudem: Viele Mekkapilger erzählten wunderbare Dinge von diesem Garten Gottes. Allerdings hielt ich bisher all dies für Fabeln, wie solche von Reisenden erzählt werden, die entlegene Länder besucht haben.«

»Du handelst nicht klug, mein König, wenn du den Berichten der Pilger mißtraust«, erwiderte ernst der Astrologe, »sie enthalten kostbares Wissen, das von den Enden unserer Erde herbeigeholt ist.«

Und sich ruhig den langen Bart streichend fuhr er fort: »Was nun den Palast und den Garten von Jrem im speziellen anbelangt, so ist das, was man von ihm berichtet, die volle Wahrheit. Ich habe mit diesen meinen Augen Palast und Gärten gesehen. Höre auf den Bericht meines Abenteuers, denn er hat Bezug auf den Gegenstand meines Begehrens!«

Ibrahim überlegte eine Weile, schöpfte dann tief Atem und begann mit leiser Stimme seine Erzählung:

»In meinen jungen Jahren, als ich nichts als ein umherziehender Beduine war, hütete ich die Kamele meines Vaters, dessen Seele Allah gnädig sein möge. Als wir einmal durch die Wüste von Aden zogen, entfernte sich eines der besten Tiere von der Herde, verirrte sich und ging verloren. Vergebens suchte ich mehrere Tage nach ihm; müde und abgehetzt legte ich mich eines Mittags neben einen spärlich rieselnden Brunnen unter eine schattige Palme und schlief bald ein. Als ich erwachte, fand ich mich an den Toren einer Stadt. Ich trat ein und erblickte prächtige Straßen, Plätze, Märkte und Hallen; aber alles war still und kein Mensch war zu sehen; es schien sich um eine verzauberte Stadt ohne Einwohner zu handeln.

Lange Zeit schlenderte ich durch die Gassen und kam endlich zu einem prachtvollen Palast mit einem großen Garten, der mit Springbrunnen und Fischteichen, Lauben und Rosenhecken geschmückt war; Obstbäume standen darin mit den köstlichsten Früchten, aber auch hier war niemand zu sehen und kein Laut zu hören. Geängstigt und erschrocken eilte ich fort, und als ich die Stadt durch das Tor verlassen hatte, wandte ich mich nochmals um, denn zu schön für eines Sterblichen Auge war alles gewesen. Noch einen einzigen Blick wollte ich auf Stadt und Gärten werfen, aber nichts mehr war davon zu sehen. Nur die stumme Sandwüste breitete sich vor meinen Augen aus.

In der Nähe traf ich kurze Zeit danach einen alten Derwisch, der mit den Geheimnissen des Landes wohlvertraut war, und erzählte ihm, was ich gesehen hatte.

›Da‹, sagte er mir, ›war der weltberühmte Garten von Jrem, eines der vielen Wunder der Wüste. Nur von Zeit zu Zeit zeigt er sich einem Wanderer, wie er sich dir gezeigt hat, und erfreut ihn mit dem Anblick von Türmen, Palästen, Mauern und Gartenanlagen mit Obstbäumen und farbenprächtigen Blumen, um dann plötzlich wieder zu verschwinden, derart, daß nichts zurückbleibt als die einsame und öde Wüste. Und wenn du die Geschichte dieses kleinen Paradieses wissen willst, dann höre:

In alten Zeiten, als dieses Land noch von den Additen bewohnt war, gründete der König Scheddad, der Sohn Ads, eines Urenkels von Noah, hier in dieser Gegend eine große Stadt. Als sie vollendet dastand und er die Schönheit und Größe seines Werkes sah, schwoll sein Herz vor Stolz und Anmaßung. Sogleich beschloß er, einen königlichen Palast zu bauen und diesen mit Gärten und Anlagen zu umgeben, solcher Art, daß sie alles in den Schatten stellen würden, was uns der Koran vom himmlischen Paradies erzählt. Doch Hochmut kommt vor dem Fall, lehrt uns das Sprichwort, und den stolzen König traf des Himmels Fluch.

Er und seine Untertanen vergingen und verschwanden von der Erde, und seine Stadt, seinen prächtigen Palast und die herrlichen Gärten bannt ein ewiger Zauber, der sie vor jedem Menschenauge verbirgt. Nur manchmal steigen sie aus dem Nichts auf, und dann sieht ein Sterblicher des vermessenen Königs Werk, damit so dessen Sünde in steter Erinnerung bleibe.‹

Diese Geschichte des alten Derwischs und die Wunderwerke, die ich selbst gesehen habe, blieben in meinem Gedächtnis haften, und in späteren Jahren, als ich bereits in

Ägypten gewesen und im Besitz des Buchs des Wissens des weisen Salomon war, beschloß ich, wieder in die Wüste bei Aden zu gehen, um den Garten von Jrem nochmals zu suchen.

Ich brach auf und fand ihn bald meinem sehenden Blick erschlossen.

Ich zog ein in den Palast des Scheddad und brachte mehrere Tage in diesem kleinen Paradies zu. Die Genien, die des Königs Heim bewachten, gehorchten meiner magischen Kunst und offenbarten mir die Bannsprüche, deren Zauberkraft den Garten ins Dasein rief und ihn dann wieder unsichtbar machte.

Eine solche Königsburg und gleiche Gärten kann ich für dich, friedfertigster aller Könige, hier auf den Berg oberhalb deiner Hauptstadt leicht hinbauen. Kenne ich nicht alle die geheimen Zaubersprüche? Und bin ich nicht der einzige Besitzer des Buchs des Wissens, das schon den weisen Salomon berühmt machte?«

»Oh, großer Sohn des weisen Abu Ayub», rief Aben Habuz mit vor Begierde zitternder Stimme, »du bist fürwahr ein großer Mann, der weite Reisen unternommen und viel gesehen und gelernt hat! Verschaffe mir ein solches Paradies und fordere jeden Lohn! Dein soll er sein, und verlangtest du auch die Hälfte meines Königreichs.«

»Ach was!« erwiderte der andere, »du weißt, ich bin ein alter Mann und ein Philosoph, der dürftig lebt und leicht zufriedengestellt werden kann. Gib mir als Lohn das erste Lasttier mit seiner Bürde, das durch das magische Portal des Palastes schreitet.«

Der König bewilligte mit Freuden einen von soviel Zurückhaltung zeugenden Wunsch, und der Astrologe begann sogleich sein Werk.

Unmittelbar über seiner Klause ließ er auf dem Gipfel des Hügels einen großen und weiten Torweg bauen, der mitten durch einen festen Turm führte.

An der Außenseite war ein Portikus mit hohem Bogen, und drinnen ein Innenhof, den starke Türflügel abschlossen. In den Schlußstein des Portals meißelte der Astrologe eigenhändig einen großen Schlüssel; den zentralen Keilstein des äußeren Bogens der Halle – er war höher als der des Tores – versah er mit einer riesigen Hand.

Diese beiden Zeichen verkörperten mächtige Zaubermittel, über die er viele Sprüche und Formeln in einer unbekannten Sprache murmelte.

Als dieser Eingang vollendet war, schloß er sich zwei Tage lang in seiner astrologischen Studienhalle ein und beschäftigte sich ununterbrochen mit geheimen Beschwörungen. Am dritten Tag endlich stieg er den Hügel hinauf und verweilte von Sonnenaufgang bis zum Sonnenuntergang auf dessen Gipfel. Erst in später Nachtstunde kam er herunter und ließ sich sogleich dem König Aben Habuz melden.

»Endlich, mein König«, sagte er, »ist meine Arbeit vollendet. Auf dem Gipfel des Hügels erhebt sich einer der wunderbarsten Paläste, die je eines Menschen Geist erdacht oder das Herz eines Sterblichen erfreut hat. Du findest prächtige Säle, herrliche Hallen und Gänge, köstliche Gärten, kühle Brunnen und wohlriechende Bäder. Kurzum: Der ganze Berg ist in ein himmlisches Paradies verwandelt. Gleich dem Garten von Jrem schützt ihn ein mächtiger Zauber, der das Lustschloß vor den Augen und den Nachforschungen der gemeinen Sterblichen verbirgt und nur die dort alles Schöne genießen läßt, denen der Zauber kein Geheimnis ist.«

»Genug!« rief Aben Habuz erfreut, »morgen früh mit Tagesanbruch wollen wir hinaufsteigen und dein Meisterwerk besichtigen.«

Wenig schlief der glückliche König in dieser Nacht. Kaum vergoldeten die ersten Strahlen der aufgehenden Sonne die verschneiten Gipfel der Sierra Nevada, als er schon zu Pferd stieg und, nur von einem kleinen Gefolge begleitet, den steilen und schmalen Weg zum Gipfel des Berges hinaufritt.

Neben ihm trabte auf einem weißen Zelter die gotische Prinzessin, angetan mit einem herrlichen, von Juwelen blinkenden Seidenkleid; die silberne Leier trug sie an einer mit Perlen besetzten Goldkette, leicht über die Schulter gehängt.

Gestützt auf seinen Hieroglyphenstab schritt langsam zu Fuß der Astrologe dahin, denn er bestieg nie ein Pferd.

Aben Habuz blickte sich um. Er suchte auf der Höhe des Berges den Palast, die Türme, die schattigen Terrassen und duftigen Gärten. Doch nichts war von all dem zu sehen.

»Darin liegt eben das große Geheimnis«, sagte der weise Ibrahim, »und darin liegt auch die Sicherheit des Ortes, denn niemand kann das Schloß und die Anlagen sehen, der nicht den zaubergeschützten Torweg durchschritten oder die Bergkuppe erobert hat.«

Als sie sich dem Eingang näherten, blieb der Magier stehen und zeigte dem König die in Stein gehauene mystische Hand und den Schlüssel und sagte zu seinen Begleitern, auf Portal und Bogen hinaufweisend: »Das ist der Zauberbann, der den Eingang ins granadinische Paradies schützt. Jene steinerne Hand muß zum Schlüssel im Keilstein heruntergreifen und ihn fassen, dann erst zerbricht der Zauber. Weder menschliche Gewalt noch Zauberkunst können, ohne daß dies geschieht, dem Herrn dieses Berges Schaden zufügen.«

Während der alte Aben Habuz mit offenem Munde und stummer Verwunderung die mystischen Zeichen anstarrte, schritt das Pferd der Prinzessin langsam weiter und trug sie in das Portal hinein, durch den Portikus hindurch bis in die Mitte des Außenwerkes.

»Sieh dort«, rief in eben diesem Augenblick der weißbärtige Astrologe, »da geht der mir verheißene Lohn. Das erste Tier, das durch den magischen Eingang schreitet, gehört mit seiner gesamten Last mir!«

Aben Habuz lächelte bei diesen Worten Ibrahims; er hielt alles für einen scherzhaften Einfall des alten Mannes.

Aber als er sah, daß das kein Spaß war, rief er zitternd vor Wut und Zorn: »Sohn des Abu Ayub! Betrüge mich nicht, lege dich nicht mit mir an! Du kennst genau den Sinn meines Versprechens. Gemeint war das erste Lasttier, das mit seiner Bürde durch das Portal schreitet. Das und nichts anderes wollte ich sagen. Nimm den stärksten Maulesel aus meinen Ställen, belade ihn mit den kostbarsten Schätzen meines Reiches, und sie sind dein; aber erdreiste dich nicht, mir jene Frau abzufordern, die die Wonne und das Glück meines Herzens ist.

»Was soll ich mit all dem Reichtum aus deiner Schatzkammer«, rief verächtlich der Magier aus Arabien, »habe ich nicht das Buch Salomons des Weisen, mit dessen Hilfe ich über alle verborgenen Schätze der Erde gebiete? Dein königliches Wort ist verpfändet, und die schöne Christin gehört dem Wortlaut des Vertrages nach nun mir. Sie ist mein Eigentum von diesem Augenblicke an.«

Die Prinzessin blickte stolz von ihrem Zelter herab, und ein leichtes Lächeln des Hohnes kräuselte ihre rosigen Lippen bei diesem Streit der beiden alten Männer um den Besitz der durch sie verkörperten Jugend und Schönheit.

Der König konnte sich indessen nicht länger beherrschen; der Zorn übermannte ihn, und alle Vorsicht vergessend rief er laut: »Du Hundesohn der Wüste! Du magst Meister vieler Künste sein, aber dein Meister bin ich und werde es immer sein! Treibe nicht mit deinem Herrn und König Scherz. Das könnte dich teuer zu stehen kommen!«

»Mein Meister!« wiederholte wild lachend der Astrologe, »was Ihr nicht sagt, mein König!«

Aus Ibrahims Blicken zuckten Blitze, als er fortfuhr: »Der Besitzer eines elenden Maulwurfshügels will den beherrschen, der über das Wissen Salomons gebieten kann? Regiere du dein kleines ‚Reich und schwelge, du geiler Greis, in deinem Narrenparadies. Ich hohnlache über dich und deinesgleichen in meiner philosophischen Einsamkeit. Leb wohl, Aben Habuz!«

Bei diesen Worten faßte er die Zügel des edlen Pferdes, stieß seinen Zauberstab in die Erde und versank samt der gotischen Prinzessin durch den Boden in der Mitte der Torganges. Die Erde schloß sich über ihnen gleich wieder, und keine Spur deutete hin auf den furchtbaren Vorgang.

Aben Habuz war sprachlos vor Erstaunen, als er da hilflos mitansehen mußte, wie die Erde Roß und Reiterin und Zauberer verschlangen. Aber er war bald wieder Herr seiner Sinne, rief Tausende von Arbeitern herbei und ließ sie pausenlos mit Hacken und Schaufeln an der Stelle graben, wo der Astrologe kurz zuvor verschwunden war.

Sie gruben und gruben, doch vergebens; der felsige Grund des Berges widerstand ihren Werkzeugen, und wenn sie nach harter Arbeit wirklich eine kleine Grube gegraben hatten, dann rieselten der Sand und die Erde zurück und füllten die eher unscheinbare Vertiefung wieder aus. Aben Habuz suchte unterdessen den Eingang zum unterirdischen Palast des Astrologen. Gleichfalls vergebens, denn wo ehemals der Zugang war, da fand er nur eine glatte Felswand ohne Spalt und Loch.

Mit dem Verschwinden des Ibrahim Ibn Abu Ayub erlahmten auch die geheimen Kräfte und Eigenschaften des Talismans auf dem Turm der Königspfalz.

Fest und still stand von nun an der bronzene Reiter, Gesicht und Speer dem Tor zugekehrt, wo der Astrologe mit der schönen Gotengräfin verschwunden war, als ob dort der wahre Feind des Königs sich aufhalte.

Von Zeit zu Zeit vernahm man aus dem Innern des Hügels Musik und Gesang, und ein Bauer brachte sogar einmal dem König die Nachricht, daß er in der vergangenen Nacht im Fels einen Spalt gefunden habe, durch den er hineinkriechen und in eine unterirdische Halle von seltener Schönheit und Pracht habe hinabblicken können.

Der weißbärtige Astrologe Ibrahim habe dagesessen, schlummernd und träumend auf bequemen Daunenpolstern, umwoben von den magischen Silbertönen, die die schönste Gotin ihrer Leier entlockte.

Aben Habuz machte sich sofort auf die Suche nach dem Spalt im Felsen, doch der hatte sich wieder geschlossen.

Abermals wollte er seinen Nebenbuhler und die geraubte Prinzessin ausgraben und den Weg zum magischen Palast finden; aber alle Versuche blieben vergebens. Zu mächtig war der Zauber von Hand und Schlüssel in den Keilsteinen des festen Portals; weder Menschenmacht noch Menschenkraft konnten ihn unwirksam machen und den Bann brechen.

Die Kuppe des Berges blieb nackt und leer, der verheißene Palast mit den Wundergärten unsichtbar. Die Leute nahmen aber an, daß alles nur ein Märchen des Astrologen gewesen sei, und so nannten die einen den Platz, wo dieses Paradies hätte stehen sollen, »Des Königs Torheit«, während ihn andere »Des Narren Paradies« nannten.

Um den Kummer des friedlichsten aller Könige und unglücklichsten aller Liebhaber noch zu vermehren, regten sich auch seine feindlichen Nachbarn wieder. Bald hatten sie erkannt, daß sich der ihn schützende magische Zauber verflüchtigt hatte und er gleich allen anderen Sterblichen um Macht und Besitz kämpfen mußte.

Als Aben Habuz noch vom Zauberreiter beschützt und bewacht war, als er auf dem Schachbrett des Turmzimmers mit der kleinen Lanze Heere vernichtete, hatte er stolz seine Angreifer gereizt und verhöhnt.

Nun fielen diese in sein Land ein, trugen reiche Beute davon und verbitterten so den Rest des Lebens des ehrwürdigsten und tugendhaftesten Königs, den es je gab.

Endlich starb Aben Habuz und wurde begraben.

Jahrhunderte sind seitdem verflossen. Kunstbegeisterte Fürsten erbauten auf dem so ereignisreichen und berühmten Hügel die Alhambra, wo der Traum vom Garten Jrem Wirklichkeit wurde und wir heute noch ein zu Stein gewordenes Märchen aus Tausendundeiner Nacht bewundern können.

Noch steht der verzauberte Eingang unversehrt da; der Zahn der Zeit konnte ihm nichts anhaben. Es ist die Puerta de la Justicia, das Tor der Gerechtigkeit, der Hauptzugang zur alten Maurenpfalz.

Noch immer schützen ihn die von Ibrahim gemeißelte Hand und der Schlüssel, und unterm Turm soll der Überlieferung nach in seiner unterirdischen Halle der alte Astrologe hausen und auf einem Diwan dahindämmern, vom Klang der Leier der Gotenprinzessin in den Traum gewiegt.

Die alten Veteranen, die am Tor der Gerechtigkeit Wache halten, vernehmen von Zeit zu Zeit in lauen Sommernächten die bannenden Töne der silbernen Leier und schlafen dann, alles vergessend, ruhig ein. Ja, der Zauber ist so stark, daß man auch tagsüber die Posten dieses Außenwerkes auf den steinernen Bänken träumend oder unter den nahen Bäumen schlafend, antrifft. Es dürfte sich um das einschläferndste Quartier der ganzen Christenheit handeln.

All das, sagt die alte Legende, wird noch Jahrhunderte dauern. Die gefangene Prinzessin wird fortfahren, den Astrologen in bannenden Schlummer zu halten, bis endlich am Jüngsten Tag die Posaunen zum letzten Gericht rufen, oder bis die mystische Hand nach dem magischen Schlüssel greift und so den auf dem Berg liegenden Zauber wirkungslos macht und aufhebt.

Die drei schönen Prinzessinnen

In alten Zeiten regierte in Granada ein maurischer König namens Mohammed, den seine Untertanen el Hayzari, den Linkshänder, nannten. Einige Chronisten meinen, man habe ihm diesen Beinamen gegeben, weil er mit seiner linken Hand so gut umgehen konnte wie mit der rechten; andere aber glauben, daß er alles verkehrt anfaßte und linkisch verpfuschte, was zu regeln gewesen wäre.

Wie auch immer dem sei, sicher ist, daß während seiner Regierungszeit Granada von schweren Unruhen und Revolutionen heimgesucht wurde. Er selbst konnte nie in Frieden leben, und vom Unglück verfolgt oder infolge schlechter Verwaltung wurde er dreimal vom Throne gestoßen; dabei mußte er sogar bei einer Gelegenheit als Fischer verkleidet bis Afrika hinüberflüchten, um sein Leben zu retten. Doch war König Mohammed so tapfer wie ungeschickt und führte linkshändig den Krummsäbel so kräftig, daß er sich nach schweren Gefechten den Thron immer wieder zurückeroberte.

Aber anstatt aus dem Mißgeschick zu lernen und klug zu werden, wurde er hartherzig, eigenwillig und halsstarrig und bediente sich seines linken Armes, um seine Willkür zu behaupten. Über das Unglück, das er so über sich und sein Reich brachte, berichten dem Forscher die alten arabischen Annalen Granadas; die hier folgende Geschichte soll nur von seinem häuslichen Leben erzählen:

Als dieser Mohammed eines Tages mit seinen Höflingen am Fuße der Sierra Elvira einen längeren Spazierritt unternahm, begegnete er einem Trupp seiner Leute, der von einem Streifzug durchs Grenzland der Christen siegesfroh zurückkehrte. Die Reiter führten einen langen Zug mit Beute schwer beladener Maulesel mit sich; auch sah man viele Gefangene beiderlei Geschlechts.

Unter den Frauen und Mädchen fiel dem Herrscher ein schönes und reich gekleidetes Mädchen auf, das weinend auf einem kleinen Pferd saß, kaum auf die ihr zur Seite reitende Dueña hörte und deren tröstende Worte nicht zu verstehen schien.

Der König, von der Schönheit des Mädchens bezaubert, erkundigte sich sogleich nach der Herkunft der Gefangenen. Der Anführer der Truppe konnte ihm melden, daß es sich um die Tochter des Alcaiden, des Burgvogtes, einer Grenzfestung handle, die man im Handstreich eingenommen und dann geplündert habe.

Mohammed forderte das Christenmädchen als königlichen Beuteanteil und ließ es in den Harem auf der Alhambra bringen. Hier tat man alles, um die Auserkorene des Fürsten zu zerstreuen, ihren Kummer zu dämpfen und ihre Stimmung zu heben. Der närrisch verliebte König beschloß daraufhin, das schöne Mädchen zu seiner Gemahlin zu machen. Die Christin wies anfangs seinen Antrag schroff ab, denn der Bewerber war ein Ungläubiger, ein offener Feind ihres Vaterlandes und, was das Schlimmste war, er zählte nicht mehr zu den jüngeren Jahrgängen, denn Silberlocken umrahmten sein ehrwürdiges Haupt.

Als der König sah, daß all seine Bemühungen fruchtlos blieben, beschloß er, mit der Dueña, die damals mit dem Mädchen gefangengenommen worden war, zu reden, da diese auf ihre junge Herrin bestimmt einen großen Einfluß ausübte.

Dieser dienstbare Geist war Andalusierin von Geburt; doch kennt man ihren christlichen Namen nicht, denn in den maurischen Sagen nennt man sie immer »Die kluge Kadiga«, und klug war sie in der Tat, was aus der Geschichte ganz klar hervorgeht.

Der maurische König hatte mit ihr eine kurze, geheime Unterredung. Dabei begriff sie, daß es ihm ernst war, und also machte sie seine Sache bei ihrer jungen Herrin zur ihrigen.

»Schluß jetzt!« rief sie eindringlich, »was gibt es denn da zu weinen und zu jammern? Ist es nicht besser, hier die Herrin zu sein, in diesem wundervollen Palast mit all den schönen Gärten und Brunnen, als in Eures Vaters altem Grenzturm zwischen nackten Felsen eingeschlossen zu leben? Daß dieser Mohammed ein Ungläubiger ist, was tut dies schon groß zur Sache? Ihr heiratet ja ihn und nicht seine Religion. Und daß er alt ist? Desto eher werdet Ihr Witwe und dann Eure eigene Herrin sein. Auf jeden Fall seid Ihr in seiner Gewalt und habt nur die Wahl zwischen Königin oder Sklavendasein. Sagt man nicht, es sei immer noch besser, seine Ware an den Räuber zu einem annehmbaren Preis zu verkaufen, als sie sich mit Gewalt nehmen zu lassen?«

Die Vorhaltungen der klugen Kadiga hatten Erfolg. Das spanische Mädchen trocknete ihre Tränen und wurde die Gemahlin Mohammeds des Linkshänders. Sie nahm auch zum Schein den Glauben ihres königlichen Gatten an; ihre Dueña aber wurde sofort eine eifrige Bekennerin der Lehren des Propheten. Sie erhielt den arabischen Namen Kadiga und blieb die vertraute Dienerin ihrer Herrin.

Nach angemessener Zeit wurde der maurische König stolzer und glücklicher Vater von drei hübschen Töchtern, die alle zur selben Stunde geboren wurden. Ihm wären wohl Söhne lieber gewesen, doch er tröstete sich mit der Überlegung, daß immerhin drei gleichzeitig geborene Töchter für einen einigermaßen bejahrten und obendrein noch linkshändigen Mann eine beachtenswerte Leistung wären.

Wie es bei den moslemischen Königen Sitte war, rief auch er bei diesem glücklichen Ereignis die bekanntesten Astrologen zu sich und bat sie, den drei kleinen Prinzessinnen ihr Horoskop zu stellen.

Gerne kamen die weisesten Männer des Reiches dem Wunsch ihres Landesherrn nach, und ernst, mit den gelehrten Häuptern nickend, sagten sie: »Töchter, o König, sind immer ein unsicherer Besitz; aber diese hier werden deiner Wachsamkeit ganz besonders bedürfen, wenn sie in das heiratsfähige Alter kommen. Dann nimm sie in deine alleinige Obhut und vertraue sie keinem anderen Menschen an.«

Mohammed der Linkshänder wurde von seinen Höflingen und Hofschranzen als weiser König anerkannt, und er selbst betrachtete sich auch als einen von Gott gesegneten Landesvater.

Die Prophezeiung der Astrologen verursachte ihm und seinem Hofstaat also wenig Kopfzerbrechen; er traute ihrem und seinem Verstande zu, die Überwachung der Infantinnen zu gegebener Zeit umsichtig zu organisieren und damit des Geschickes Mächte überlisten zu können.

Die Drillingsgeburt war übrigens die letzte und einzige eheliche Trophäe des Königs. Seine Gemahlin gebar ihm darauf keine Kinder mehr und starb einige Jahre später, ihre jungen Töchter der Obhut seiner Liebe und der Treue der klugen Kadiga überlassend.

Viele Jahre gingen ins Land, ehe die Prinzessinnen das von den Astrologen genannte gefährliche Alter der Heiratsfähigkeit erreichten.

»Ein kluger Mann baut vor«, sagte sich der schlaue König und beschloß, den Wohnsitz seiner Töchter und ihres Hofstaates nach dem königlichen Schloß Salobreña zu verlegen und sie dort erziehen zu lassen.

Dieser prächtige Palast stand inmitten einer starken maurischen Festung, die vor Jahren einer der granadinischen Fürsten auf den uneinnehmbaren Gipfel eines Berges an den Ufern des Mittelmeeres hinaufgebaut hatte. Salobreña war also so etwas wie ein Fruchtkern, von einer harten Schale umschlossen, und unmöglich schien es, mit den Bewohnern des Palastes von außen her in Kontakt zu treten. Hier oben, fern von Granada und den Hofintrigen, den Ränken und politischen Verschwörungen, war eine Art von königlicher Pfalz, wo die mohammedanischen Potentaten unliebsame

Verwandte einsperrten, die ihnen im Wege standen oder ihre Sicherheit zu gefährden schienen.

Den Bewohnern dieses politischen Sanatoriums wurde übrigens jede Art von Wohlleben und Unterhaltung geboten, in deren unbeschränktem Genuß sie ihr Leben in üppiger Trägheit und wollüstiger Faulheit hinbrachten, bis sie endlich verfettet ins bestimmt nicht bessere Jenseits hinüberschlummerten.

Nachdem diese Residenz von vielen Arbeitern und Künstlern zweckdienlich hergerichtet worden war, übersiedelten die drei Infantinnen dorthin.

Hier lebten sie von aller Welt abgeschlossen, doch mit ihren Freundinnen und von Sklavinnen bedient, die ihnen jeden Wunsch von den Augen ablasen.

Sie spazierten in den köstlichen Schloßgärten umher, wo die herrlichsten Blumen wuchsen und die Bäume seltene Früchte trugen; sie spielten in duftenden Hainen und erfrischten sich in wohlriechenden Bädern. Von drei Seiten schaute die Burg auf ein reiches und gepflegtes Tal nieder, und weit hinten am Horizont leuchteten die Berge der Alpujarra; in der anderen Richtung ging der Blick aufs sonnenbestrahlte offene Meer hinaus, wo Fischer ihrem schweren Handwerk nachgingen und Kauffahrer dahinsegelten.

Die Prinzessinnen wuchsen in dieser Umgebung unter ewig blauem Himmel im mildesten Klima der Welt zu wahren Schönheiten heran.

Obgleich alle drei Schwestern die gleiche Erziehung genossen, waren sie in bezug auf ihre Charaktereigenschaften von klein auf grundverschieden.

Sie hießen Zaida, Zoraida und Zorahaida; und das war auch die Reihenfolge ihres Alters.

Genau drei Minuten lagen zwischen der Geburt einer jeden.

Zaida, die älteste, hatte einen unerschrockenen Geist und war ihren Schwestern in allem voraus, was sich ja schon bei ihrem Eintritt in diese Welt gezeigt hatte. Sie war neugierig, wissensdurstig, fragte viel und ging den Dingen gern auf den Grund.

Zoraida war eine Künstlernatur von feinem Geist und Gefühl. Ein besonderer Sinn für alles Schöne und Ästhetische zeichnete sie aus, was ohne Zweifel der Grund war, weshalb sie so gern in Spiegeln und Brunnen ihr eigenes Bild betrachtete; Blumen, Juwelen und kunstvoller Putz ließen ihr kleines Herz rascher schlagen.

Zorahaida wieder war sanft und schüchtern, äußerst empfindsam und dazu von hingebungsvoller Zärtlichkeit. Mit Liebe pflegte sie Blumen, Vögel und andere Tiere. Sanft und voll Liebe unterhielt sie sich mit ihren Schwestern, und nie sprach sie einen ihrer Wünsche in arrogantem Tone aus.

Sinnend und träumend saß sie oft stundenlang auf dem Balkon und schaute in milden Sommernächten zu den funkelnden Sternen hinauf oder auf das weite, vom Mond bestrahlte Meer hinaus. In solchen Momenten konnte ein fernes Fischerlied, der leise Ton einer maurischen Flöte oder der Ruderschlag einer vorübergleitenden Barke sie ganz und gar verzücken. Der geringste Aufruhr der Elemente aber erfüllte sie mit Schrecken und Angst, und ein einziger Donnerschlag reichte oft hin, sie in Ohnmacht fallen zu lassen.

So gingen ruhig und heiter die Jahre dahin. Treu erfüllte die kluge Kadiga ihre Pflicht und sorgte unermüdlich für das Wohl der ihr anvertrauten Prinzessinnen.

Das Schloß Salobreña lag, wie bereits erwähnt, auf einem Berg an der Seite des Hügels. Die Anlage zog sich hin bis zu einem vorspringenden Felsen, der über die See hinausragte. Die Wellen schlugen sanft auf einen kleinen Strand, dessen Ufersand der Küste jede Rauheit nahm. Oben auf dem Felsenriff stand ein alter Wachtturm, der zu einem schönen Pavillon umgebaut worden war, durch dessen vergitterte Fenster die frische Seeluft hereinkam.

Hier verbrachten die Infantinnen gewöhnlich die schwülen Stunden des Mittags und schliefen während der Siesta-Zeit dann ruhig und zufrieden.

Die neugierige Zaida saß eines Tages an einem der Fenster des Pavillons und schaute übers Meer hin, während ihre beiden Schwestern auf weichen Ottomanen schliefen. Aufmerksam beobachtete sie eine Galeere, die mit gleichmäßigen Ruderschlägen die Küste entlangfuhr und sich dem Turm näherte.

Bald konnte sie auch feststellen, daß es sich um ein militärisches Fahrzeug handelte, da es mit Bewaffneten bemannt war.

Die Galeere warf unterm Turm beim Felsen Anker, und eine größere Anzahl maurischer Soldaten brachten mehrere christliche Gefangene an Land und stellten diese am schmalen Sandstrand auf.

Zaida weckte sofort ihre Schwestern und berichtete ihnen eingehend über den Vorfall. Alle drei lugten dann vorsichtig durch die dichten Fenstergitter zur Küste hinunter, derart, daß sie von draußen nicht gesehen werden konnten. Unter den Gefangenen befanden sich drei reich gekleidete spanische Ritter. Sie standen in der Blüte der Jugend und waren von edlem Aussehen; aus ihrem Wesen sprach Vornehmheit, und stolz schauten sie zu ihren Feinden und Wächtern hinüber, die auf weitere Anordnungen bezüglich der mit Ketten beladenen Christen zu warten schienen.

Die Infantinnen blickten voll gespanntem Interesse hinunter und konnten sich an den schönen jungen Männern nicht sattsehen.

Was Wunder, daß die Erscheinung der drei Ritter aus adeligem Hause ihre jungen Herzen einigermaßen beunruhigte. Im Schloß kamen sie fast ausschließlich mit weiblicher Dienerschaft zusammen und sahen vom männlichen Geschlecht nur schwarze Sklaven und dann und wann einen Fischer oder einen Soldaten der Küstenwache. Die etwas arrogante Schönheit der drei hübschen Ritter in der Blüte ihrer Jugend mußte die Infantinnen aufs tiefste bezaubern.

»Hat jemals ein edleres Wesen die Erde betreten, als jener Ritter in Scharlachrot?« rief Zaida, die älteste der Schwestern. »Schau, wie stolz er sich benimmt, als ob alle rings um ihn seine Sklaven wären!«

»Aber seht nur jenen in Grün!« rief Zoraida, »welche Anmut, welche Hoheit, welche Eleganz!«

Zorahaida aber schwieg und verriet ihren Schwestern nichts, doch insgeheim gefiel ihr der Ritter im blauen Gewand am besten.

Die Prinzessinnen wandten von den Gefangenen kein Auge ab, bis sie in der Ferne ihren Blicken entschwanden. Dann seufzten die drei Infantinnen tief, drehten sich um, schauten sich einen Augenblick an und setzten sich sinnend und träumend in ihre Ottomanen.

So traf sie bald hernach die kluge Kadiga. Die Mädchen erzählten ihrer treuen Dueña, was sie gesehen hatten. Schwärmend ließen sie ihren Zungen freien Lauf, daß sogar das welke Herz Kadigas rascher zu schlagen begann.

»Arme Jungen!« rief sie aus, »ihre Gefangenschaft und das harte Los, das ihrer harrt, wird manch edlem und schönem Mädchen in ihrem Heimatland großen Kummer und schweres Herzeleid verursachen! Ach, liebe Kinder, ihr habt keinen Begriff von dem Leben, das diese Ritter auf ihren Burgen und Schlössern, in Palästen und am Hofe ihres Königs führen! Welche Pracht bei den Turnieren herrscht, welche Bewunderung von seiten schöner Frauen ihnen entgegengebracht wird. Und dann dieser Minnedienst mit Liedern und Serenaden!«

Bei Zaida stieg die Neugierde aufs höchste. Ihre Fragen wollten kein Ende nehmen, und nach und nach entlockte sie der alten Dienerin die lebendigsten Schilderungen von Festen und Spielen, die sie in der Jugend in ihrem Heimatlande gesehen und erlebt hatte.

Die schöne Zoraida richtete sich schnell auf, als Kadiga von den Reizen der spanischen Frauen berichtete, und ging zum großen Wandspiegel, wo sie sich insgeheim mit kritischem Blick, doch hochzufrieden betrachtete. Die zarte Zorahaida drückte sich wieder tief in die Kissen auf ihrer Ottomane und seufzte traurig in sich hinein, als von den feurigen Mondscheinserenaden die Rede war.

Jeden Tag kam die neugierige Zaida wieder mit ihren Fragen, und jeden Tag wiederholte die kluge Dueña ihre Erzählungen, denen die edlen Zuhörerinnen mit größter Aufmerksamkeit lauschten, und manchmal seufzten sie tränenden Auges dabei.

Endlich merkte die alte Frau, daß sie dabei war, ein großes Unheil anzurichten. Sie hatte übersehen, daß aus den ihr anvertrauten drei Kindern nunmehr kokette junge Frauen im heiratsfähigen Alter geworden waren, durch deren Adern heiß das Blut pulsierte und deren Herzen nach Liebe verlangten.

Es wird Zeit, dachte sich die Dueña daher, daß der König benachrichtigt wird, mag er dann verfügen, was ihm richtig erscheint.

Mohammed der Linkshänder saß eines Morgens in einer der kühlsten Hallen der Alhambra auf dem Diwan, als ein Bote von der Festung Salobreña in den Thronsaal geführt wurde, der Kadigas Glückwünsche zum Geburtstag seiner drei Töchter überbrachte.

Die kluge Dueña sandte dem König ein mit Blumen verziertes, feines Körbchen, in dem auf Weinlaub und Feigenblättern gebettet ein Pfirsich, eine Aprikose und eine Nektarine lagen. Als der Monarch die frischen Früchte im verführerischen Reiz beim Anflug ihrer Reife sah, da erriet er sogleich die Bedeutung dieses Geschenkes.

Ernst geworden, überlegte er sich: »Die von den Astrologen angedeutete gefährliche Zeit ist also gekommen; meine Töchter sind im heiratsfähigen Alter. Vorsicht ist geboten!

Doch was soll ich tun? Richtig ist, daß sie den Blicken der Männer entzogen sind; daß Kadiga klug und treu ihrer Pflicht nachkommt, auch das ist wahr! Die Astrologen verlangten aber, daß ich selbst die Mädchen in Obhut nehme und sie keiner anderen Person anvertraue! Um künftigen Verdruß und Ärger zu vermeiden, muß ich mich ab heute selbst um meine Töchter kümmern.«

So sprach Mohammed und ließ einen Turm auf der Alhambra zum Aufenthaltsort der Infantinnen ausbauen. Dann ritt er an der Spitze seiner Leibwache bis Salobreña, um die drei Schönheiten mit Kadiga und dem Hofstaat in höchst eigener Person auf die Königspfalz in Granada zu bringen.

Ungefähr drei Jahre waren verflossen, seitdem der König seine Töchter zum letzten Mal gesehen hatte. Er traute seinen Augen nicht, als er die wunderbare Veränderung gewahrte, die während dieses Zeitraums mit ihrem Äußeren vor sich gegangen war. Sie hatten in wenigen Monaten jene mysteriöse Grenzlinie des weiblichen Lebens überschritten, welche das wilde, ungezähmte, eckige und gedankenlose Mädchen von der aufblühenden und selbständig urteilenden jungen Frau trennt. Aus Kindern waren Erwachsene geworden! Ähnliches erlebt der Reisende, der aus der reizlosen und kahlen Mancha des kastilischen Hochlandes in die üppigen Täler und schwellenden Hügel Andalusiens gelangt.

Zaida war schlank und schön gewachsen, von stolzer Haltung, und unter fein geschwungenen Brauen leuchteten durchdringend tief schwarze Augen. Sie trat mit gemessenen Schritten ein und machte vor Mohammed eine tiefe Verbeugung, die mehr dem König als dem Vater zu gelten schien.

Zoraida war von mittlerem Wuchs, sie hatte ein bezauberndes Wesen. Sie unterstrich es vorteilhaft durch ausgesuchte Kleidung und geschmackvollen Schmuck und Putz. Lächelnd kam sie auf ihren Vater zu, küßte ihm die Hände und begrüßte ihn mit einigen Versen aus einem arabischen Gedicht, was dem König große Freude bereitete.

Zorahaida war schüchtern und scheu, etwas kleiner als ihre Schwestern, und ihre Schönheit hatte jenen zarten einschmeichelnden Charakter, der Liebe und Schutz sucht. Sie war keine Herrschernatur, so wie ihre älteste Schwester, auch war sie nicht von blendender Schönheit, wie die zweite; sie schien dazu geschaffen, sich an die Brust des geliebten Mannes zu schmiegen, verwöhnt zu werden und sich glücklich zu fühlen. Schüchtern und zögernd näherte sie sich ihrem Vater und getraute sich nicht nach seiner Hand zu fassen, um sie zu küssen.

Erst als sie sein väterliches Lächeln sah, kam ihre Zärtlichkeit zum Durchbruch. Voll Freude warf sie sich an seine Brust, umarmte und küßte ihn mit kindlicher Liebe.

Mit Stolz, doch auch mit sorgenvoller Verwirrung blickte Mohammed der Linkshänder auf seine Töchter, denn während er sich über ihre große Schönheit freute, fiel ihm die ernste Prophezeiung der Astrologen ein.

»Drei Töchter! Drei Töchter!« murmelte er mehrmals in seinen weißen Bart hinein, »und alle im heiratsfähigen Alter! Das sind wahrhaftig lockende Hesperidenfrüchte, die einen Drachen zum Wächter brauchten!«

Bald hatte er alles geordnet und bereitete seine Rückkehr nach Granada vor. Doch vorher ließ er noch durch königliche Herolde verkünden, daß sich jedermann vom Wege fernzuhalten habe, den der König mit Töchtern und Gesinde nehmen wolle, und daß beim Herannahen des Zuges Fenster und Türen zu schließen seien, denn die Infantinnen sollten niemanden sehen.

Als so alles geregelt schien, brach er auf, geleitet von einem Trupp schwarzer Reiter häßlichsten Aussehens, deren Rüstungen im Schein der ersten Sonnenstrahlen funkelten.

Auf feurigen weißen Pferden ritten die Prinzessinnen neben dem Vater. Weite Seidenmäntel tarnten ihre wohlgeformten Leiber, und dichte Schleier verhüllten die so schönen Gesichtszüge der wundervollen Mädchen. Die Schimmel, auf denen sie im Sattel saßen, trugen samtene Decken, reich mit Gold und Silber bestickt; Kandare, Kinnkette und Steigbügel waren aus Gold, die seidenen Zügel mit Perlen und Diamanten verziert. Am Zaumzeug hingen Dutzende von silbernen Glöckchen, deren melodischer Klang das Ohr erfreute. Aber wehe dem Unglücklichen, der am Wege zögernd stehenblieb, wenn er den wohlklingenden Ton der Silberschellen hörte! Die Wachmannschaft hatte den strikten Befehl, ihn ohne Gnade niederzuhauen!

Der königliche Geleitzug näherte sich bereits Granada, als er am Ufer des Genil eine Abteilung maurischer Soldaten einholte, die einen Trupp christlicher Gefangener begleitete. Schon war es für die Soldaten zu spät, aus dem Weg zu gehen und sich seitlich in die Büsche zu schlagen, wie es befohlen war. Sie warfen sich also auf den Boden, mit den Gesichtern zur Erde versteht sich. Ihren Gefangenen befahlen sie, es ihnen nachzutun.

Unter den Gefangenen befanden sich aber auch die drei spanischen Ritter, welche den Infantinnen vor einigen Tagen im Pavillon zu Salobreña das Herz hatten höher schlagen lassen. Die Ritter hatten den Befehl des Hauptmanns der Wache wohl nicht verstanden, oder sie waren zu stolz, ihm zu gehorchen. Aufrecht blieben sie stehen und sahen voll Interesse dem prunkvollen Reiterzug entgegen.

Als Mohammed diese Mißachtung seiner Befehle gewahr wurde, riß er zornig seinen Krummsäbel aus der Scheide, sprengte vorwärts und wollte gerade einen seiner linkshändigen Streiche führen, der wenigstens einen der trotzigen Gaffer zu Boden gestreckt hätte, als die Prinzessinnen ihn umringten und für die Gefangenen um Gnade baten. Sogar die zarte Zorahaida hatte plötzlich ihre Schüchternheit vergessen und setzte sich für die Christen ein. Noch hielt der Maure seinen Säbel hoch in der Luft, als der Führer der Wache vor ihm sein Knie beugte und sagte: »Möge Eure Majestät nicht eine Tat begehen, die im ganzen Reich großen

Ärger erregen würde. Dies sind drei spanische Ritter aus edelster Familie, die wir nach hartem Kampfe gefangennehmen konnten; mutig wie Löwen kämpften sie, und erst als ihre Waffen unbrauchbar geworden waren, ergaben sie sich uns. Von hohem Adel sind sie und werden Euch ein hohes Lösegeld einbringen.«

Langsam ließ der König die Hand mit der Waffe sinken und rief: »Nun denn! Ich werde den Christen hier das Leben schenken! Doch ihre Verwegenheit und ihr Trotz verlangen Strafe. Bringt sie daher zu den Torres Bermejas und weist ihnen die härteste Arbeit an!«

Das war wieder einer der linkischen Streiche, die Mohammed hin und wieder zu machen pflegte. In dem Aufruhr und dem stürmischen Hin und Her der eben beschriebenen Szene wurde nämlich die außerordentliche Schönheit der drei Prinzessinnen nur allzu deutlich ins Bild gerückt, da sich bei den raschen und unüberlegten Bewegungen ihre Schleier verschoben und sich so der Glanz ihrer schönen Augen und ihre zarten Haut enthüllte.

Die spanischen Ritter hatten so Gelegenheit, den gütigsten Feen aus dem granadinischen Morgenland tief in die Augen zu blicken, was in ihren so jungen Herzen eine lohende Flamme entfachte.

In den damaligen Zeiten verliebten sich die jungen Leute viel schneller als heutzutage, und es darf daher nicht wundern, daß die junge Männer aus Córdoba von solcher Schönheit zutiefst beeindruckt waren, um so mehr, als sich Dankbarkeit zur Bewunderung hinzugesellte.

Es ist jedoch seltsam und wirklich der Erwähnung wert, daß sich jeder von ihnen in eine andere der Infantinnen verliebt hatte, die ihrerseits vom adeligen Auftreten der Gefangenen überrascht waren und alles, was sie von der männlichen Tapferkeit und ihrer spanischen Grandezza gehört hatten, wie Zauberblumen in ihrer Phantasie aufgehen ließen.

Der Reiterzug setzte seinen Weg fort; die drei Prinzessinnen ritten nachdenklich auf ihren Zeltern dahin, und von Zeit zu Zeit spähten sie mit verstohlenen Blicken zu den christlichen Gefangenen hinüber, in die sie sich so heftig verliebt hatten.

Auf der Alhambra angekommen, sahen sie noch, wie die drei Spanier in den roten Turm gebracht wurden. Das kaum begonnene Idyll schien schon zu Ende zu sein.

Die für die Infantinnen hergerichtete Wohnung war so vorteilhaft und schön, wie sie nur arabische Phantasie ersinnen konnte.

Das neue Heim der Königstöchter befand sich in einem Turm, der etwas abseits vom Hauptpalast der Alhambra stand, doch mit diesem durch die Burgmauer verbunden war, die die ganze Anhöhe umschloß. Auf der einen Seite überschaute man von dort das Innere der Festung und sah auf einen hübschen Blumengarten mit den seltensten Gewächsen. Auf der anderen Seite hatte man die Aussicht auf eine tiefe, schattige Schlucht, die das Gelände der Alhambra von dem des Generalife trennte.

Das Innere des Turms war in kleine, gemütliche Gemächer unterteilt. Sie waren im feinsten arabischen Stil gehalten, und ihre Wände waren mit kunstvollem Zierwerk geschmückt. Diese wundervollen Kemenaten umgaben eine hohe Halle, deren gewölbte Decke fast bis zur Spitze der Turms hinaufreichte. Hier konnte man Arabesken, sinnvolle Inschriften, Stuckarbeiten und Stalaktiten bewundern sowie zahlreiche in Gold und glänzenden Farben gehaltene Fresken. Der Boden war mit weißen Marmorplatten belegt, und in der Mitte stand ein fein gearbeiteter Alabasterbrunnen; duftende Sträucher und Blumen faßten ihn ein, und schillernde Wasserstrahlen kühlten den Raum, während ihr leises Plätschern ein sanft einschläferndes Geräusch verursachte.

Im Saal hingen Goldkäfige und Bauer aus Silberdraht geflochten, mit den schönsten Singvögeln, deren liebliches Zwitschern und Trillern jedes Ohr erfreute.

Wie man dem König berichtet hatte, waren die Prinzessinnen auf Schloß Salobreña immer heiter und guter Dinge gewesen; so erwartete er natürlich, daß es ihnen auf der Alhambra in ihrem Feenpalast ganz besonders gefallen werde.

Zu seinem großen Verdruß war das nicht der Fall; sie waren melancholisch, mit allem und jedem unzufrieden und schienen sich über irgend etwas tief zu grämen. Die Blumen teilten ihnen ihren Duft nicht mit, der Gesang der Nachtigall störte ihre Nachtruhe, und der Alabasterbrunnen mit seinem ewigen Rinnen und Plätschern, das vom Morgen bis zum Abend und wieder bis zum Morgen dauerte, war ihnen eine Qual und griff ihre Nerven an. Kurz gesagt, den drei jungen Frauen schien alles lästig zu sein und nichts eine Freude zu machen.

Der König, ein Mann von aufbrausender und tyrannischer Gemütsart, nahm dieses Verhalten anfangs sehr ungnädig auf; aber bald fiel ihm ein, daß seine drei Töchter ja eigentlich keine Kinder mehr waren, sondern bereits erwachsene junge Frauen, deren Interesse natürlich nicht durch Spielereien gefesselt werden könne.

»Da gehören jetzt andere Sachen her!« sagte er sich und verschaffte allen Schneidern, Schustern, Webern und Juwelieren, Goldschmieden und Silberarbeitern des ganzen Zacatin Granadas Beschäftigung.

Handwerker kamen und gingen, Kaufleute aus den fernsten Ländern brachten ihre Waren auf die Alhambra, Händler zogen reich beladen den Schloßberg hinauf und verkauften dem König ihre Kostbarkeiten.

Der besorgte Vater überschüttete seine gemütskranken Töchter mit Geschenken, nur um sie zufrieden zu sehen und ihren Sinn aufzuheitern. Es füllten sich die Kemenaten mit Gewändern von Seide, Goldstoffen und Brokat, mit feinen Schultertüchern und Kaschmirschals; auf den Tischen lagen Halsbänder von Perlen und schwere Goldketten mit klaren

Edelsteinen besetzt, auf Samtkissen wieder sah man Armbänder und Ringe; in kunstvollen Fläschchen und Dosen dufteten wohlriechende Essenzen und milde Salben.

Doch das half alles nichts; die Prinzessinnen blieben bleich, bedrückt und traurig mitten in ihren Kostbarkeiten und glichen drei welken Rosenknospen, die von einem abgeschnittenen Zweige niederhingen. Der König wußte nun wirklich nicht mehr, was er anfangen sollte.

Für gewöhnlich vertraute er seinem eigenen Urteil, holte sich bei niemandem Rat und nahm natürlich auch keinen an. Die Launen und Einfälle dreier heiratsfähiger Töchter indessen reichen hin, um den klügsten Kopf in Verlegenheit zu bringen, und also suchte er zum ersten Mal in seinem Leben fremden Rat.

Er wandte sich an die erfahrene und kluge Dueña und sagte zu ihr: »Kadiga, ich weiß, daß du eine der klügsten und treuesten Frauen auf der ganzen Welt bist. Dies war auch der ausschlaggebende Grund, daß ich dich immer bei meinen Töchtern ließ. Väter können in der Wahl solcher Vertrauenspersonen nicht vorsichtig genug sein! Ich wünsche jetzt von dir, daß du die geheime Krankheit ausfindig machst, die den Frohsinn der Prinzessinnen zum Schwinden brachte und an ihrem Gemüte nagt. Suche mir ein Mittel, das meine Töchter wieder gesund und froh macht!«

Kadiga versprach, sich der Sache anzunehmen und ihr auf den Grund zu gehen. In Wirklichkeit wußte sie natürlich mehr von der Krankheit der Prinzessinnen als die Töchter selbst. Indessen blieb sie mit ihnen zusammen, ließ sie keinen Augenblick allein und bemühte sich, ihr unbedingtes Vertrauen in der Herzenssache zu erlangen.

»Meine lieben Kinder, warum seid ihr so traurig und betrübt an einem der schönsten Orte der Welt, wo ihr alles habt, was euer Herz begehrt?« fragte sie.

Die Infantinnen schauten gedankenlos im Zimmer herum und seufzten dann tief auf.

»Kinder, sprecht! Was fehlt euch denn? Soll ich euch den wunderbaren Papagei bringen lassen, der alle Sprachen spricht und von dem ganz Granada entzückt ist?«

»Greulich!« rief die energische Zaida. »Ein häßlich kreischender Vogel, der Worte ohne Gedanken plappert und schnattert. Nur Menschen ohne Verstand und Hirn können solch ein Tier um sich dulden.«

»Soll ich um einen Affen vom Felsen von Gibraltar schicken, damit ihr euch an seinen Possen ergötzen könnt?«

»Ein Affe? Nur nicht. Das hätte gerade noch gefehlt Der Affe ist der abscheulichste Nachahmer des Menschen, häßlich und von widerlichem Geruch. Mir ist dieses Tier ausgesprochen verhaßt!«

So sprach die hübsche Zoraida mit fester Stimme, die keinen Widerspruch zu dulden schien.

»Und was sagt ihr zu dem bekannten schwarzen Sänger Casem aus dem königlichen Harem von Marokko? Man erzählt von ihm, daß seine Stimme so fein sei wie die eines Frauenzimmers«, schlug Kadiga vor.

»Wollt Ihr uns auf den Tod erschrecken«, sagte die zarte Zorahaida, »alle Freude an der Musik und am Gesang hat sich bei mir vollkommen verloren.«

»Ach, mein Kind, so würdest du bestimmt nicht reden«, erwiderte listig die Alte, »wenn du die Musik gehört hättest, die gestern Abend die drei spanischen Ritter machten, als sie nach des Tages Arbeit ausruhten. Erinnerst du dich noch der gefangenen Edelleute, die wir auf unserer Reise trafen? Aber Gott steh mir bei, Kinder! Was gibt es denn, daß ihr so errötet und plötzlich vor Aufregung zittert?«

»Nichts! Nichts, gute Mutter; bitte erzählt nur weiter.«

»Gut, wie ihr wollt. Als ich gestern abends bei den Torres Bermejas vorbeikam, sah ich die drei Ritter am Fuß des roten Turms sitzen und musizieren. Der eine spielte rührend schön auf der Gitarre, und die beiden anderen sangen zum Klang der Saiten so anmutig und hinreißend, daß selbst die hartherzigen

Wächter bewegungslos dastanden und verzauberten Bildsäulen glichen. Allah möge mir vergeben! Auch ich konnte mich der Wehmut und der Tränen nicht erwehren, als ich diese Lieder aus meiner Heimat hörte. Und dann erst drei so edle und hübsche Jünglinge in Ketten und als Sklaven zu sehen!«

Jetzt wurde es für die gutherzige alte Frau wirklich zuviel. Laut schluchzte sie auf, und große Tränen kullerten ihr über die welken Wangen.

»Vielleicht, Mutter, könntest du es einrichten, daß wir die drei Ritter einmal sehen dürfen«, sagte Zaida.

»Etwas Musik würde bestimmt auch uns aufheitern«, warf Zoraida ein.

Die schüchterne Zorahaida schwieg und sagte gar nichts; doch legte sie liebevoll ihre schneeweißen Arme um den Hals der alten Kadiga.

»Der Himmel bewahre mich vor so einer unsinnigen Tat«, klagte die kluge alte Frau. »Was schwatzt ihr da, Kinder? Wißt ihr, was ihr da von mir verlangt? Euer Vater würde uns alle töten, wenn ihm so etwas zu Ohren käme. Gewiß, diese Ritter sind augenscheinlich edle und wohlerzogene Jünglinge; aber was liegt uns daran? Uns interessieren sie bestimmt nicht! Auch sind sie Feinde unseres heiligen Glaubens, und ihr dürft ohne Abscheu nicht an sie denken.«

Nun gibt es eine bewunderungswürdige Unerschrockenheit und Festigkeit in der weiblichen Willenskraft, die sich weder durch Gefahren noch Verbote einschüchtern läßt und besonders bei Frauen und Mädchen im heiratsfähigen Alter oft außergewöhnliche Formen annehmen kann.

Die drei Prinzessinnen ließen alle Register ihrer Überredungskunst spielen.

Sie umarmten ihre Dueña, schmeichelten, flehten, weinten und erklärten, daß eine abschlägige Antwort ihnen das Herz brechen würde.

Was sollte sie tun? Sie war gewiß die klügste alte Frau auf der ganzen Welt und eine der treuesten Dienerinnen des

Königs; aber konnte sie zusehen, wie drei schönen Prinzessinnen das Herz brach, wie ihre Gesundheit, ihr Frohsinn dahinschwanden?

Kadiga lebte nun schon viele Jahre unter den Mauren und hatte seinerzeit gleich ihrer Herrin den Glauben gewechselt und diente seither treu dem Propheten. Doch innerlich war sie Spanierin geblieben, und eine leise Sehnsucht nach dem Christentum, ihrem früheren Gottesglauben, konnte sie nie aus dem Herzen bannen. Sie sann daher nach, wie man die Wünsche der Prinzessinnen leicht und gefahrlos erfüllen könne, denn ganz so einfach war die Sache nicht.

Die im roten Turm eingeschlossenen Gefangenen standen unter der Aufsicht eines langbärtigen und breitschultrigen Renegaten namens Hussein Baba, von dem die Sage ging, daß er leicht zu bestechen wäre. Ihn besuchte Kadiga heimlich, ließ vorsichtig ein großes Goldstück in seine Hand gleiten und sagte mit leiser Stimme: »Hussein Baba, meine Herrinnen, die Königstöchter, die im Turm dort eingeschlossen sind, kommen vor Einsamkeit um, denn keine Unterhaltung zerstreut sie. Vor einigen Tagen wurde ihnen von den musikalischen Talenten der drei spanischen Ritter erzählt, und nun möchten sie gerne eine Probe ihrer Künste hören. Ich kenne dich, alter Freund, und weiß, daß du in deiner Gutherzigkeit den armen Mädchen nicht diese unschuldige Freude versagen wirst.«

»O du alte Hexe! Fahr zum Teufel mit deinem Ansinnen! Du willst wohl meinen aufgespießten Kopf von der Spitze dieses Turms heruntergrinsen sehen? Denn das wäre der Lohn für die Untat, wenn der König sie entdeckte oder auch nur dieses Gespräch ihm zu Ohren käme.«

»Aufrichtig gesagt, ich sehe keine Gefahr dabei. Man muß nur die Sache so einrichten, daß die Laune der Prinzessinnen befriedigt wird und ihr Vater doch nichts davon erfährt. Du kennst die tiefe Klamm außerhalb der Burgmauer; vom Turm der Infantinnen sieht man direkt hinunter auf die grünen

Hänge. Bring die drei Christen dorthin zur Arbeit und lasse sie in den Ruhestunden spielen und singen, und jedermann wird glauben, daß sie dies zu ihrer eigenen Unterhaltung täten. Die Prinzessinnen hören vom Fenster ihres Turms aus die Musik und den Gesang, und du kannst sicher sein, daß sie dich dafür gut und reichlich bezahlen werden.«

Als die gute alte Frau geredet hatte, drückte sie freundlich die rauhe Hand des Renegaten und ließ noch ein weiteres Goldstück darin zurück.

Einer solch wohlklingenden und so überzeugenden Beredsamkeit konnte natürlich niemand widerstehen, und auch Hassan nicht. Am nächsten Tag schon arbeiteten die Ritter mit ihren Kameraden in der Schlucht.

Während der Mittagszeit schliefen ihre Unglücksgefährten im Schatten der dicht belaubten Bäume, die drei spanischen Ritter aber setzten sich auf den weichen Rasen am Fuße des Turms der Infantinnen und sangen ein Lied aus ihrer Heimat, das einer von ihnen auf der Gitarre begleitete.

Die Wachen dösten auf ihren Posten und taten schläfrig ihre Pflicht.

Das Tal und die Schlucht waren tief, und der Turm ragte hoch in die Lüfte, aber die Stimmen der Sänger und der Klang der Gitarre stiegen in der Stille des heißen Sommermittags bis zu den Fenstern und dem Balkon empor. Dort lauschten die schönen Mädchen dem Lied, dessen Melodie und zärtlichen Worte sie zutiefst rührten, denn die Dueña hatte sie die spanische Sprache so gut und genau gelehrt, daß sie auch die feinsten Tonschattierungen hören, verstehen und fühlen konnten. Die alte Kadiga tat hingegen furchtbar erschrocken und rief angstvoll: »Allah behüte uns! Sie singen ein Liebeslied, das an euch gerichtet ist. Ja, kann sich jemand eine solche Frechheit vorstellen? Ich werde gleich zum Aufseher laufen und ihnen eine Bastonade geben lassen, denn das ist wirklich zuviel!«

»Was, solch edlen Rittern willst du die Bastonade geben lassen, nur weil sie so schön und lieblich singen?«

Voll Schauder schüttelten die Prinzessinnen ihre hübschen Köpfchen.

Bei all dieser tugendhaften Entrüstung war die Alte versöhnlicher Natur und ließ sich beruhigen und besänftigen. Zudem schien die Musik ihre jungen Herrinnen wirklich wohltuend zu beeinflussen. Die Wangen der Mädchen zeigten einen feinen rosa Schimmer, ihre Augen fingen an zu glänzen, und die zarten Lippen schienen zu lächeln.

Die kluge Kadiga dachte also nicht daran, das Liebeslied der Ritter zu unterbinden.

Als die letzte Strophe leise verklungen war, blieb alles eine Weile still, nachdenklich schauten die Prinzessinnen vor sich hin. Dann aber griff Zoraida nach der Laute und sang mit lieblicher Stimme leise und gerührt eine hübsche maurische Weise mit dem vielsagenden Refrain: »Wenn die Rosenknospe sich auch hinter Blättern birgt, so lauscht sie doch mit Entzücken dem Sang der Nachtigall.«

Von dieser Zeit an arbeiteten die Ritter fast täglich in der Schlucht. Der gewissenhafte Hussein Baba wurde immer nachsichtiger und von Tag zu Tag schläfriger auf seinem Posten. Eine Zeitlang bestand ein gar seltsamer Verkehr zwischen Turm und Außenwelt. Dem gegenseitigen Gedankenaustausch dienten nämlich Lieder und Romanzen, deren Inhalt sich einigermaßen entsprach und dazu diente, den Gefühlen der Liebespaare Ausdruck zu geben.

Nach und nach zeigten sich die Prinzessinnen auf dem Balkon, wenn sie es, ohne von der Wache gesehen zu werden, tun konnten. Auch Blumen ließen die Mädchen sprechen, denn alle Beteiligten schienen das Blumenalphabet vorzüglichst zu kennen und zu deuten.

Die Schwierigkeit des Verkehrs erhöhte den Reiz des Liebesspiels und fachte die Leidenschaft der jungen Menschenkinder aufs heftigste an. Liebe kämpft ja bekanntlich gern, überwindet Schwierigkeiten.

Dieser geheime Verkehr wirkte wahre Wunder. Die Prinzessinnen wurden froh wie früher, ihre Augen glänzten feuriger als je, neckisch klangen ihre Stimmen, melodisch die Lauten, Zimbeln und Gitarren. Niemand jedoch konnte glücklicher sein als der König selbst, den diese Veränderung so überraschte, daß er die kluge Kadiga reichlich beschenkte und voll Freude seine drei schönen Töchter besuchte.

Aber auch dieser fernschriftliche Verkehr hatte eines Tages sein Ende, denn die drei Ritter erschienen nicht mehr auf dem Arbeitsplatz unterm Turm. Vergebens spähten die Prinzessinnen umher, vergebens beugten sie sich weit über den Balkon, um eine Spur ihrer Ritter zu finden, vergebens sangen sie wie Nachtigallen, vergebens schlugen sie die Saiten. Keine Stimme antwortete aus dem Gebüsch, kein Lautenspiel war zu vernehmen, kein Ritter zeigte sich. Die kluge Kadiga ging besorgt fort, um etwas über die drei Spanier zu erfahren.

Bald kam sie mit kummervollem Gesicht wieder heim und erzählte den drei verliebten Mädchen die traurige Neuigkeit, die man ihr mitgeteilt hatte.

»Ach, meine Kinder! Ich sah es voraus, daß alles so kommen würde! Doch ihr wolltet ja unbedingt euren Willen durchsetzen. Nun ist das Ende da, und ihr könnt eure Lauten zerschlagen oder an einen Weidenbaum hängen. Die spanischen Ritter wurden von ihren Familien losgekauft und wohnen nun unten in Granada, wo sie ihre Heimreise vorbereiten.«

Untröstlich waren die drei Mädchen, als sie diese Nachricht vernommen hatten. Die schöne Zaida zürnte ihrem Ritter, daß er ohne Abschied dahin gegangen war, denn diese Geringschätzung ihrer Person konnte sie nicht verschmerzen. Zoraida rang die Hände und weinte, sah in den Spiegel, wischte die Tränen ab und begann wieder zu weinen. Die schöne Zorahaida lehnte an der Brustwehr des Balkons, und ihre Tränen fielen hinunter auf den Abhang, wo die Ritter oft gesessen hatten, ehe sie ihre angebetenen Maurenprinzessinnen so treulos verließen.

Die kluge Kadiga tat alles, um den großen Schmerz zu stillen, der die Mädchenherzen peinigte. So sagte sie oft: »Tröstet euch, meine Kinder. Das hat nichts zu bedeuten; man muß sich nur daran gewöhnen und sich mit derlei Dingen abfinden. Das ist eben der Lauf der Welt. Wenn ihr einmal so alt seid wie ich, dann werdet ihr die Männer schon kennen und wissen, wie man sie zu beurteilen hat. Diese drei Ritter haben sicherlich in Córdoba oder Sevilla ihre Bräute oder Geliebten, unter deren Balkon sie bald Serenaden und Ständchen singen werden, ohne jemals wieder an die maurischen Schönheiten auf der Alhambra zu denken. Deshalb tröstet euch, meine lieben Kinder, und verbannt sie aus euren Herzen, denn Männer sind keine Träne wert.«

Die tröstenden Worte der klugen Kadiga verdoppelten aber den tiefen Kummer der drei Prinzessinnen, die zwei Tage lang nicht aus ihren Zimmern zu bringen waren und nur still vor sich hin weinten. Am dritten Morgen nun kam die alte Frau außer sich vor Aufregung dahergelaufen, stürzte fassungslos in den großen Salon und rief voll Zorn:

»Wer hätte einem sterblichen Menschen eine solche Frechheit zutrauen können! Aber mir geschieht ganz recht, denn nie hätte ich zugeben dürfen, daß euer ehrwürdiger Vater hintergangen wird. Erwähnt mir also mit keinem Worte mehr die spanischen Ritter, diese schlechten Menschen, die mich solcher Art beleidigt haben.«

»Nun, beste Kadiga, was ist denn geschehen?« riefen die drei Mädchen aufgeregt durcheinander.

»Was geschehen ist, fragt ihr? Verrat ist geschehen; oder was fast noch schlimmer ist, zum Verrat sollte ich verleitet werden! Mir, der treuesten aller Untertanen, der vertrauenswürdigsten aller Dueñas mutet man zu, daß ich meinen Herrn und König hintergehen könnte. Ja, meine Kinder, staunt nur!

Die spanischen Ritter haben es gewagt, mir vorzuschlagen, ich solle euch überreden, mit ihnen nach Córdoba zu fliehen, um sie dort zu heiraten!«

Bei diesen Worten bedeckte die treffliche alte Frau sich das Gesicht mit den Händen und ließ ihrem Kummer und Zorn freien Lauf.

Die drei schönen Prinzessinnen ihrerseits wurden blaß und rot, und rot und blaß, und zitterten, schauten sich verstohlen und vielsagend in die Augen, sprachen aber kein einziges Wort. Die alte Frau konnte sich nicht beruhigen. Heftig bewegte sie sich hin und her, schüttelte die Fäuste und rief von Zeit zu Zeit zornig aus: »Daß mir eine solche Beleidigung angetan wurde! Mir, der treuesten aller Dienerinnen!«

Endlich trat die älteste Infantin, die den meisten Mut hatte und immer die erste war, zu ihr hin, legte ihr die Hände auf die Schultern und sagte liebevoll: »Nun beste Mutter, angenommen wir wären bereit, mit den drei christlichen Rittern zu fliehen. Wäre so etwas überhaupt möglich?«

Die gute Alte hörte bei diesen Worten zu jammern auf und erwiderte schnell: »Möglich? Wäre das schon! Die Ritter haben schon den Hussein Baba bestochen und mit ihm den ganzen Plan besprochen. Wer kann aber euren Vater hintergehen, diesen besten aller Könige! Euren Vater, der so viel Vertrauen in mich setzt!«

Wieder begann die brave Frau zu weinen, und händeringend lief sie im Saale auf und ab.

»Aber dieser beste aller Väter hat nie Vertrauen zu uns gehabt«, rief die älteste Prinzessin selbstbewußt, »immer hielt er uns wie Gefangene hinter Schloß und Riegel! Nie konnten wir frei hingehen, wohin es uns behagte, nie tun, was wir wollten.«

»Freilich, das ist nur zu wahr«, ließ sich die Alte hören und blieb vor den jungen Damen stehen, »er hat euch wirklich recht hart behandelt. Eingeschlossen ward ihr immer und mußtet die schönsten Jahre eurer Jugend in einem alten Turm verbringen, gleich den duftenden Rosen, die man in einem Blumentopf welken läßt. Aber bedenkt doch, was es bedeutet, aus eurer schönen Heimat zu fliehen!«

»Und ist nicht das Land, das uns aufnehmen will, die Heimat unserer guten Mutter? Werden wir dort nicht in Freiheit leben? Und wird nicht jede von uns statt des strengen Vaters einen jungen und liebenden Ehemann haben?«

»Freilich, das ist alles wohl wahr, und, ich muß gestehen, er war mit euch wirklich ein harter Tyrann, aber«, und wieder brach der Jammer aus ihr, »wollt ihr mich dann zurücklassen, allein und verlassen? Seid sicher, daß sein Zorn und seine Rache mich hier zerschmettert.«

»Doch gewiß nicht, meine gute Kadiga! Kannst du nicht mit uns fliehen?«

»Das wäre wohl möglich, und um bei der Wahrheit zu bleiben, muß ich euch sagen, daß ich darüber bereits mit Hussein Baba gesprochen habe. Er versprach, auch mir zu helfen, wenn ich euch auf eurer Flucht begleiten wollte. Aber Kinder, nein, schlagt euch das besser alles aus dem Kopf! Ihr könnt doch nicht euren Väterglauben verleugnen!«

»Der christliche Glaube war das ursprüngliche Religionsbekenntnis unserer Mutter, ehe sie auf die Alhambra kam«, sagte wieder die älteste Infantin, »und ich bin bereit, ihn anzunehmen, und meine Schwestern auch, davon bin ich überzeugt!«

»Recht hast du!« rief die alte Frau voll Freude aus, »ja, es war der Glaube deiner Mutter. Bitterlich beweinte sie oft ihren Abfall, und auf dem Totenbett mußte ich ihr versprechen, für euer Seelenheil zu sorgen. Heute nun bin ich glücklich und froh, denn ich weiß, daß ihr auf dem richtigen Wege seid, auf dem Weg, der zur Taufe und ins Glück führt. Ich freue mich, daß ihr Christinnen werden wollt, weil auch ich es war und im Herzen immer geblieben bin. Jetzt ist die Gelegenheit da, daß ich in den Schoß der wahren Kirche zurückkehren kann. Ich sprach darüber schon mit Hussein Baba; er ist Spanier von Geburt und übrigens ein freundlicher Mensch. Wir stammen aus der gleichen Gegend, und auch er will in seine alte Heimat zurück und sich mit der heiligen Kirche aussöhnen. Die drei edlen Ritter drunten in Granada sagten hochherzig ihre Hilfe zu und werden uns anständig ausstatten, wenn wir dann im Heimatdorf eine Ehe eingehen sollten.«

Kurz und gut, es ergab sich, daß diese außergewöhnlich kluge und vorsichtige Frau mit den Rittern und mit dem Renegaten bereits den ganzen Fluchtplan entworfen hatte, der nun verwirklicht werden sollte.

Die älteste Prinzessin war sofort einverstanden, und ihr energisches Verhalten bestimmte und beeinflußte wie immer den Willen ihrer beiden Schwestern. Um der Wahrheit die Ehre zu geben, muß allerdings gesagt werden, daß die jüngste Prinzessin etwas zauderte und nicht gleich wußte, was sie machen sollte.

Ihr sanftes und schüchternes Wesen wollte keinen so brüsken Bruch, und allsogleich begann in ihrem kleinen Herzen ein schwerer Kampf, in dem sich das Gefühl kindlicher Pflicht und jugendlicher Leidenschaft gegenüberstanden. Wie es schon immer ging, siegte in diesem ungleichen Zwiespalt die Liebe zum fremden Ritter, der Drang nach Gattenliebe. Still und leise weinend schloß sie sich also ihren Schwestern an und rüstete sich zur Flucht.

Durch den Hügel, auf dem die Alhambra steht, führte in früheren Zeiten eine große Zahl von unterirdischen Gängen. Diese bildeten ein wahres Netz von Irrwegen, auf denen der Eingeweihte von der Alhambra ungesehen in die Stadt und selbst bis zu den entfernten Ausfallspforten und Schlupftüren an den Ufern des Darro und des Genil gelangen konnte. Im eigenen Interesse und aus Staatsräson ließen die Maurenkönige im Laufe der Jahrhunderte die Asabica durchbohren, und durch diese Gänge liefen sie, wenn Empörer ihnen nach dem kostbaren Leben trachteten; aber oft zogen sie auch diese geheimen Wege den öffentlichen Straßen vor, denn heikle Unternehmungen waren nie für jedermanns Auge und Ohr.

Viele dieser Tunnels sind jetzt eingestürzt, andere sind teilweise verschüttet, und wieder andere vermauerte man, um so jeden Unfug zu unterbinden und dem zahlreichen Gesindel einen schwer zu kontrollierenden Unterschlupf zu nehmen; und an der Zeit war es, daß diese Erinnerungszeichen an maurische Despoten in moderner Zeit verschwunden sind.

Dem Fluchtplan nach sollte Hussein Baba die Prinzessinnen durch einen der genannten Gänge bis zur geheimen Schlupfpforte jenseits der Stadtmauer führen, wo die Ritter mit schnellen Pferden zu warten versprachen, um alle über die Grenze in Sicherheit zu bringen.

Die vorherbestimmte Nacht kam: Der Turm der Infantinnen war wie gewöhnlich verschlossen worden, und die Alhambra lag in tiefem Schlummer.

Gegen Mitternacht bezog die kluge Kadiga ihren Horchposten auf dem Balkon und lauschte gespannt in den Garten hinab.

Bald kam Hussein Baba daher und gab das verabredete Zeichen. Die Dueña befestigte sogleich das obere Ende einer Strickleiter am Balkon und ließ sie dann vorsichtig in den Garten hinab.

Mit großer Behendigkeit schwang sich die alte Frau über die Brüstung und stieg resolut hinunter. Ihr folgten klopfenden Herzens die beiden älteren Prinzessinnen. Als aber die Reihe an Zorahaida kam, da zauderte diese; mehrmals setzte sie ihren kleinen Fuß auf die Leiter, aber ebensooft zog sie ihn wieder zurück. Ihr Körper zitterte, das kleine Herz pochte heftig, und zögernd blieb die jüngste Königstochter auf dem Balkon stehen. Sie warf einen kummervollen Blick ins Zimmer zurück, dessen Wandschmuck, Decken und Polster im hellen Mondlicht gleißten. Wie ein Vogel in seinem Käfig hatte sie im Turm gelebt, sorglos, ruhig und ohne Aufregungen, geborgen und beschützt waren die Tage dahingegangen. Wer konnte ihr sagen, was geschah, wenn sie frei in die weite Weit hinausflatterte! Aber schon erinnerte sie sich ihres Ritters aus dem Land der Christen, und rasch saß sie auf der Brüstung und setzte den Fuß auf die Leiter. Hinunter wollte sie zu ihm! Doch da kam ihr der alte Vater in den Sinn, und sie zuckte wieder zurück. Schrecklich war der Kampf, der im Herzen dieses zarten Wesens tobte.

Voll Ehrfurcht liebte sie ihren Vater; beim Gedanken an den jungen Christen wurde ihr heiß und kalt zugleich, und voll Liebe und Zuneigung erinnerte sie sich seiner. Aber sie war noch so jung, schüchtern und wußte nichts von der Welt, von Liebe und Familienglück.

Vergebens flehten ihre Schwestern, schalt die Dueña und fluchte gottserbärmlich der Renegat. Das kleine Maurenfräulein stand oben am Balkon und schaute zu ihren Schwestern hinunter; sie konnte sich nicht entschließen. Der Gedanke an die Flucht und die Freiheit lockte sie, doch die Furcht vor ungewissen Gefahren riet ihr zum Bleiben.

Aus der Ferne erschollen nun gar noch Schritte! Jeden Augenblick konnte man entdeckt werden! Rauh rief der Renegat zum Balkon hinauf: »Die Wachen machen die Runde; wenn wir zögern, sind wir verloren. Steigt augenblicklich herunter, oder wir gehen allein und lassen Euch zurück, denn keine Zeit ist mehr zu verlieren.«

Zorahaida kämpfte mit sich selbst, und niemand erfuhr jemals, was in diesen wenigen Sekunden im Innern des Mädchens vorgegangen war. Mit verzweifeltem Entschluß machte sie die Strickleiter los und warf sie in den Garten hinunter.

»Es ist entschieden!« rief sie, »ich kann nicht mit. Allah geleite und segne euch und schenke euch, meine geliebten Schwestern, Glück und Liebe.«

Schaudernd schrien die beiden Prinzessinnen auf und wollten noch zögern. Sie konnten doch ihre kleine Schwester nicht allein zurücklassen! Die Wache kam aber näher und immer näher, so daß also ein weiteres Warten Selbstmord gewesen wäre. Wütend stieß der Renegat die drei Frauen in ein dunkles Felsenloch und führte sie kreuz und quer sicher durch unterirdische Gänge, und sie gelangten glücklich an ein eisernes Tor vor der Stadt.

Hussein sperrte auf, und verabredungsgemäß nahmen sie die drei spanischen Ritter, die die Uniform der vom Renegaten befehligten Turmwache trugen, in Empfang.

Zorn und Trauer überkam Zorahaidas Anbeter, als er sah, daß das schöne Mädchen nicht gekommen war. Kurz berichtete Kadiga ihm, was sich ereignet hatte, und daß man keine Zeit verlieren dürfe. Die beiden Prinzessinnen wurden hinter ihre Verehrer gesetzt, und die kluge Dueña stieg zum Renegaten aufs Pferd; dann sprengten alle im wildesten Tempo auf den Paß von Lope zu, über den sie durchs Gebirge nach Córdoba kommen wollten.

Doch bald darauf hörte man von der Alhambra her die Alarmzeichen; Hornsignale und Trompetenstöße tönten von den Zinnen des Wachtturms durch die Stille der Nacht.

»Unsere Flucht ist entdeckt worden«, sagte der Renegat. »Wir haben flinke Rosse, der Mond hat sich verzogen, und die Nacht ist nun stockdunkel. Wir werden es schaffen!« erwiderten die Ritter.

Sie gaben ihren Pferden die Sporen und jagten durch die Vega. Schon kamen sie an den Fuß der Sierra Elvira, die wie ein Vorgebirge sich weit in die Ebene hineinerstreckt. Der Renegat hielt an und horchte: »Bis jetzt ist noch niemand auf unserer Spur; die Flucht in die Berge wird gelingen!«

Aber während er noch sprach, leuchtete auf der Wehrplatte des Bergfrieds der Alhambra eine helle Flamme auf.

»Hölle und Teufel!« brüllte der Renegat, »das Leuchtfeuer ruft die ganzen Wachmannschaften in den Bergen auf ihre Alarmposten. Fort und weiter! Gebt den Pferden die Sporen. Es ist keine Zeit zu verlieren!«

Es war ein halsbrecherischer Galopp. Dumpf tönten die Hufe der Pferde auf dem felsigen Weg, der um die Sierra Elvira herumführt. Von Augenblick zu Augenblick wurde die Lage dramatischer, und nun sahen die Reiter gar, daß von allen Berggipfeln und Hängen Lichtsignale aufflammten, als Antwort auf die Feuerzeichen von der Alhambra. »Vorwärts! Vorwärts!« rief Hussein fluchend dazwischen, »zur Brücke, zur Brücke, ehe das Alarmzeichen dort gesehen wird!«

Scharf ritten sie um eine Felsennase herum und erblickten die bekannte Puente de Pinos, die über einen reißenden Wildbach führende Holzbrücke, um deren Besitz so oft Christen und Mauren stritten. Zum Schrecken unserer Flüchtlinge lag der Brückenkopf schon im hellsten Kreidelicht und strotzte von bewaffneten Männern.

Der Renegat riß sein Pferd zurück, erhob sich in den Steigbügeln und sah wie suchend um sich. Alles dauerte nur wenige Augenblicke, dann winkte Hussein den Rittern und sprengte weiter, doch vom Weg ab, den Fluß entlang. Nach Minuten stürzte er sich Hals über Kopf und hoch zu Roß in das schäumende Wasser. Die Ritter ermahnten die Prinzessinnen, sich gut festzuhalten und folgten beherzt ihrem Führer. Hoch schlugen die Wogen, die Strömung trieb sie weit flußabwärts, und die Gischt durchnäßte sie bis auf die Haut, doch glücklich erreichten sie alle das andere Ufer.

Auf schwer zugängigen und einsamen Pfaden, durch wilde Schluchten und über hohe Pässe führte der Renegat seine Schützlinge aus dem Maurenreich, und nach schweren Strapazen erreichten sie endlich Córdoba, die schönste Stadt am Guadalquivir.

Dort gab es helle Freude, und die Heimkehr der tapferen Ritter wurde festlich begangen und groß gefeiert, denn sie gehörten zu den ersten Familien des kastilischen Reiches.

Die Prinzessinnen wurden sofort getauft, und, in den Schoß der christlichen Kirche aufgenommen, heirateten sie darauf in wenigen Tagen im prächtigen Dom ihrer neuen Heimatstadt ihre Ritter und Retter.

In Liedern und Sagen erzählt man heute noch, daß sie glücklich und froh bis ans Ende ihrer Tage lebten.

In unserer Eile, um die Flucht der Infantinnen quer durch den Strom und über Berg und Tal durchs Gebirge hinauf zu einem glücklichen Ende zu führen, haben wir die kluge Kadiga ganz vergessen, was nachgeholt werden soll, denn auch ihr Schicksal ist erwähnenswert. Sie hatte sich beim wilden Ritt über die Vega wie eine Katze an Hussein Baba geklammert, schrie bei jedem Sprung zwar laut auf, entlockte dem bärtigen Renegaten manchen Fluch, saß aber fest auf der Kruppe hinterm Sattel.

Doch als ihr Reiter ins reißende Wasser setzte, da kannte ihre Angst keine Grenzen mehr.

»Umklammere mich nicht so fest«, schrie der Renegat, »fasse mit beiden Händen meinen Gürtel und fürchte nichts.«

Sie tat wie ihr geheißen und hielt sich am breiten Leibriemen Husseins fest. Als aber dieser nach dem Höllenritt endlich mit den Rittern auf der Paßhöhe anhielt, um Atem zu schöpfen, da war die Dueña nicht mehr zu sehen.

»Was ist aus Kadiga geworden?« riefen voll Schrecken die Prinzessinnen.

»Allah allein weiß es!« erwiderte der fromme Renegat. »Es war ein reines Unglück! Als wir mitten im Fluß waren, löste sich mein Gürtel und Kadiga wurde mit ihm stromabwärts gerissen. Allahs Wille geschehe! Aber es war ein schöner, golddurchwirkter Gürtel von großem Wert.«

Die Reiter hatten natürlich keine Zeit zu langen Klagen und mußten weiter, und die Prinzessinnen beweinten bitterlich den Verlust ihrer treuen Ratgeberin.

Jene ausgezeichnete Frau aber verlor nur die Hälfte von den neun Leben, die sie, einer Wildkatze gleich, besaß. Ein Fischer zog sie nämlich weiter unten ans Ufer und dürfte über den seltsamen Fisch im Netz wohl gestaunt haben. Was dann aus der klugen Kadiga wurde, darüber schweigt die Geschichte. Doch so viel ist sicher, daß die ihre Klugheit abermals unter Beweis gestellt hat und sich niemals mehr in den Machtbereich Mohammeds des Linkshänders wagte.

Auch wissen wir nicht, was der scharfsinnige König tat, als ihm die Flucht seiner Töchter gemeldet wurde. Es war, wie gesagt, das erste Mal, daß er fremden Rat gesucht hatte. Und wie schnöde war er hintergangen worden! Nie hörte man wieder, daß er sich eine ähnliche Blöße gegeben hätte.

Seine jüngste Tochter, die ihm treu geblieben war, ließ er aufs strengste bewachen, und man glaubt, sie habe es bitter bereut, damals nicht mit ihren beiden Schwestern geflohen zu sein. Dann und wann sah man sie auf den Zinnen des Turmes; müde lehnte sie an der Brüstung und schaute traurig zu den Bergen hinüber, hinter denen Córdoba lag. Klagend sang sie zur Laute herzzerbrechende Lieder und beweinte den Verlust ihrer Schwestern und des geliebten Mannes. Jung beschloß sie ihr einsames Leben und wurde, so erzählt man sich, in einem Gewölbe unterm Turm begraben. Viele Sagen erzählen uns von ihr und ihrem frühen Tod.

Die Sage vom Prinzen Achmed al Kamel, dem Liebespilger

Es lebte einmal in Granada auf der Alhambra ein maurischer König, dessen einziger Sohn Achmed hieß. Die Höflinge gaben ihm den Beinamen Al Kamel, der Vollkommene, wegen der unzweifelhaften Beweise und der vielen Anzeichen von Klugheit und Charakterstärke, die sie schon in seiner Kindheit an ihm bemerken konnten. Die Astrologen bestätigten in ihren Auskünften die Meinung der Hofleute und prophezeiten dem Prinzen für die Zukunft all das, was einen Herrscher vollkommen, glücklich und beliebt machen kann. Eine einzige Gewitterwolke nur schwebe über ihm, und auch die wäre rosigster Natur, so sagten die sternkundigen Weisen: Er würde, meinten sie, sich leicht und heftig verlieben, und in Folge dieser zärtlichen Leidenschaft zu Liebeshändeln und galanten Abenteuern in große Gefahren geraten.

Wenn er aber bis in sein mannbares Alter allen Lockungen und Zartheiten der Liebe fest widerstünde, dann, so meinten die Astrologen weiter, könnten derartige Gefahren und deren Folgen vermieden werden, und das spätere Leben des Prinzen Thronfolgers werde glücklich verlaufen.

Um alle derartigen Widerwärtigkeiten zu vermeiden, beschloß der König in seiner Weisheit, den Prinzen in einer Umgebung erziehen zu lassen, wo er nie ein weibliches Wesen zu Gesicht bekäme oder auch nur das Wort Liebe hören könnte. Zu diesem Zweck baute er auf dem der Alhambra gegenüberliegenden Berg einen herrlichen Palast, ließ dort die wundervollsten Gärten anlegen und dann herum eine hohe Mauer errichten. Anlagen und Palast stehen heute noch und sind unter dem Namen »Generalife« weithin bekannt und berühmt. In diesem Prunkgebäude wurde der jugendliche Prinz eingeschlossen und der Obhut des Eben Bonabben anvertraut.

Es war dies ein großer Gelehrter aus Arabien, trocken und uncharmant wie seine Papyrusrollen, der den größten Teil seines Lebens in Ägypten mit dem Studium der Hieroglyphen und dem Erforschen der Pharaonengräber hingebracht hatte. Ein solcher Hauslehrer entsprach natürlich den strengen Wünschen des Königs, denn der alte Ägyptologe zog Pyramidengräber und Mumien den verführerischsten Frauenschönheiten vor.

Auf Anordnung der Hofkanzlei sollte der Weise den Prinzen in allen Disziplinen unterrichten und ihm jedes Wissen vermitteln, mit einer einzigen Ausnahme, denn nie durfte er erfahren, fühlen und kennen, was Liebe sei. Streng sagte der König zu dem Weisen aus dem Morgenland: »Wende zu diesem Zweck jede Vorsichtsmaßregel an, die du für geeignet hältst; allein bedenke, o Eben Bonabben, daß du einen Kopf kürzer gemacht werden wirst, wenn mein Sohn während seiner Studienzeit mit dir etwas von diesen verbotenen Kenntnissen erfahren würde.«

Mit trockenem Lächeln antwortete der weise Bonabben auf die Drohung und sprach dann überlegt und jedes Wort betonend: »Möge dein königliches Herz so unbesorgt um deinen Sohn sein, wie es das meinige um meinen Kopf ist. Glaubst du etwa, daß ich etwas von Frauenschönheit, Üppigkeit, Lust und Lüsternheit verstände und über Liebe dozieren könnte?«.

Unter der wachsamen Obhut des Philosophen wuchs der Prinz in der Abgeschiedenheit des Palastes und Einsamkeit der ummauerten Gärten auf. Zur Bedienung hatte er schwarze Sklaven, häßliche Geschöpfe, die bei ihrer Scheußlichkeit nichts von Liebe wußten, oder, wenn es der Fall sein sollte, keine Worte hatten, es anderen mitzuteilen, denn alle waren sie stumm, die einen von Geburt her, die anderen auf Grund eines Eingriffes des königlichen Scharfrichters.

Auf die Heranbildung der geistigen Anlagen des Prinzen verwandte Eben Bonabben besondere Sorgfalt und suchte ihn möglichst bald in die geheimen Weisheiten Ägyptens einzuweihen. Doch in diesem Fach machte der Prinz nur wenig Fortschritte, und bald zeigte es sich, daß er zur Philosophie absolut keine Neigung hatte. Aber er war ein auffallend gehorsamer junger Mann, ließ sich leicht beeinflussen und gab in der Regel seinen guten Ratgebern recht. Auch war er sehr höflich, unterdrückte das Gähnen und hörte geduldig den langen und gelehrten Ausführungen Eben Bonabbens zu, von denen er gerade so viel verstand, daß er sich mit der Zeit ein etwas allgemeines Wissen aneignen konnte, das für seine zukünftige Herrscherlaufbahn unumgänglich notwendig war.

Achmed erreichte so glücklich das zwanzigste Lebensjahr, ein Wunder prinzlicher Weisheit, allein ein Ignorant in Sachen Liebe, von deren Existenz er nie gehört hatte.

Um diese Zeit änderte sich jedoch merklich das Benehmen des Prinzen. Er vernachlässigte vollständig seine Studien, streifte viel in den Gärten umher oder saß stundenlang am Brunnenbecken und schaute grübelnd ins Wasser. Früher schon hatte er manchmal etwas Musik getrieben; doch jetzt nahm sie einen großen Teil seiner Zeit in Anspruch. Sein Sinn für Dichtkunst und Gesang war erwähnenswert, und den von ihm verfaßten Liedern und Gedichten konnte eine gewisse Poesie nicht abgesprochen werden. Bei all diesen merkwürdigen Anzeichen wurde der weise Eben Bonabben unruhig und bemühte sich, dem jungen Mann die eitlen Launen mit einem tiefschürfenden Vortrag über Algebra auszutreiben. Aber der Prinz unterbrach ihn voll Unlust und sagte: »Ich kann die Algebra nicht ausstehen; sie ist mir verhaßt. Ich will etwas hören, das zum Herzen spricht!«

Der Weise schüttelte bei diesen Worten sein welkes Haupt und dachte bei sich: »Jetzt ist's mit der Philosophie aus! Der Prinz hat entdeckt, daß er ein Herz hat.«

Mit ängstlicher Sorgfalt überwachte er seinen Zögling und sah, wie es in seinem Innern arbeitete, daß ein liebevolles Herz und Gemüt nach einem Gegenstand suchte, den es beglücken durfte, um wieder beglückt zu werden. Ziellos wandelte Achmed durch die Gärten des schönen Generalife und suchte dort ein Wesen, das er beglücken könnte. Wie weltfern träumte er manchmal vor sich hin, dann griff er zur Laute und entlockte ihr die rührendsten Melodien, bis ihn auch das Saitenspiel ermüdete und das herrliche Instrument seinen Händen entfiel, wobei er tief seufzte und laut klagend auf den Boden starrte.

Nach und nach nahm aber die Liebe des Prinzen festere und etwas konkrete Formen an. So pflegte er seine Lieblingsblumen mit ganz besonderer Sorgfalt und lag dann wieder träumend im Schatten einer schlanken Pinie, der seine spezielle Zuneigung galt; in ihre Rinde schnitt er Namen und astrologische Schriftzeichen, hing Blumengewinde in ihr Gezweig und besang des Baumes Schönheit in zarten Versen, während er dazu die Laute schlug.

Eben Bonabben beruhigte natürlich dieses exaltierte Benehmen seines Zöglings wenig, den er gleichsam schon vor der verschlossenen Pforte sah, die zu jenem Wissen führte, das ihm sein Vater vorenthalten wollte. Das unscheinbarste Ereignis konnte diese Tür weit öffnen, der leiseste Wink ihm das verhängnisvolle Geheimnis kundtun.

Um das Wohl des Prinzen besorgt und um die Sicherheit des eigenen Kopfes zitternd, beschloß er schnell zu handeln, denn nur so konnte das Schlimmste vermieden werden. Der lammfromme Jüngling mußte im Schloßturm seine Wohnung aufschlagen, und scharfe Wachen unterbanden seine, die Nerven aufreizenden Spaziergänge durch den weiten Garten mit seinen verführerischen Rondellen, Laubengängen und Brunnenanlagen. Die neuen Gemächer lagen im höchsten Stockwerk des Bergfrieds, waren mit ausgezeichnetem Geschmack eingerichtet, und von den Balkonen genoß man eine herrliche Rundsicht über die Vega. Allerdings bis zu diesen Wohnräumen hinauf drang kein süßer Duft von Blumen und Blüten, kein Rauschen der springenden Wasser und auch nicht das Summen der Honig suchenden Bienen, nichts von all dem, was in Achmeds Gemüt Veränderungen herbeigeführt und in ihm bisher unbekannte Gefühle plötzlich hatte aufkommen lassen.

Doch war es notwendig, ihn mit diesem Zwang auszusöhnen und dafür zu sorgen, daß er anderweitige Ablenkungen fand. Das schien allerdings anfänglich schwierig, denn der weise Lehrer hatte bereits alle seine Kenntnisse zerstreuender Art erschöpft, und über Algebra und Physik, Astronomie und Heilkunde durfte man mit dem jungen Mann ja nicht mehr sprechen.

Aber auch hier fand Eben Bonabben einen Ausweg. Glücklicherweise verstand er die Sprache der Vögel; während seines Aufenthaltes in Ägypten lehrte sie ihn ein jüdischer Rabbiner, der seine Kenntnisse in gerader Linie bis auf Salomon den Weisen zurückführte, welcher bekanntlich bei der Königin von Saba darin unterrichtet worden war.

Schon bei der Erwähnung eines solchen Studiums funkelten dem Prinzen vor Erregung die Augen, und er arbeitete mit solchem Eifer, daß er in kürzester Zeit diese Kunst ebenso beherrschte wie sein Lehrer.

Von nun an war für ihn der Turm des Generalife kein gar so einsames Gefängnis mehr; er hatte einige Gefährten, mit denen er reden konnte und die ihm allerhand Neuigkeiten brachten und erzählten. So machte er zu allererst die Bekanntschaft mit einem Habicht, der in einer Mauerspalte auf der hohen Turmzinne sein Nest gebaut hatte, von wo aus er weit und breit herumstreifte und die Gegend nach Beute absuchte. Der Prinz indessen fand eigentlich wenig Gefallen an dem gefederten Strauchritter. Er war ein simpler Pirat der Lüfte, ein großsprecherischer Prahlhans, dessen Geschwätz sich nur um Raub, Totschlag und mörderische Greueltaten drehte.

Darauf lernte er eine Eule kennen; das war ein sehr weise aussehender Vogel, mit einem riesigen Kopf und starr glotzenden Augen, der tagsüber in einem Mauerloch vor sich hinblinzelte und nur während der Nacht ausflog. Viel bildete sich der Uhu auf seine tiefschürfende Weisheit ein, hielt Vorträge über Astrologie, sprach von Mond und Sternen und gab gelegentlich auch Aufklärungen, die ganz geheimes Fachwissen betrafen. Doch er redete auch über Metaphysik, und der Prinz fand, daß die diesbezüglichen Vorlesungen noch viel langweiliger waren als die unausstehlichen Belehrungen des weisen Eben Bonabben.

Dann war noch eine Fledermaus da, die den ganzen Tag an ihren Beinen in einer der dunkelsten Ecken des Gewölbes hing und erst in der Dämmerung aufwachte, um schrill aufpfeifend durch Hallen und Gärten zu flattern. Es war ein merkwürdiges Tier; es hatte von allen Dingen nur ganz verschwommene Ideen, und mit zwielichtigem Verständnis spottete es über Sachen und Gedanken, von denen es kaum gehört hatte. Auch war der Flatterer sehr mürrisch und schien an nichts Gefallen zu finden.

Zu diesen Genossen stellte sich auch noch eine Schwalbe ein, die anfangs dem Prinzen wirklich sehr gut gefiel, denn sie war eine nette Gesellschafterin und zerstreute den einsamen Jüngling mit ihrem Gezwitscher. Doch war sie ruhelos, und geschäftig flog sie von einem Ort zum andern; immer unterwegs, blieb sie selten lang genug auf einem Fleck, um ein ordentliches Gespräch führen zu können. Es erwies sich, daß sie eine ganz gewöhnliche Schwätzerin und Klatschbase war, die über alles Bescheid zu wissen meinte und doch nichts wußte.

Dies waren die einzigen gefiederten Freunde, die Achmed hatte. Der Turm war viel zu hoch, als daß andere Vögel ihn hätten erreichen können.

Bald wurde jedoch der arme Prinz seiner gefiederten Bekannten überdrüssig, deren Unterhaltung weder seinen Verstand und schon gar nicht sein Herz ansprachen. Wieder saß er verlassen und trübsinnig in seinem einsamen Turmzimmer und starrte traurig vor sich hin.

So verging der kalte Winter, und der Frühling hielt seinen Einzug mit all den Blumen und Blüten, dem saftigen Grün und den lieblichen Düften, die diese Jahreszeit auszeichnen. Die Natur erwachte aus ihrem Winterschlaf; alles begann zu sprießen und zu wachsen. Die Zeit war da, wo die Vögel sich paarten und ihre Nester bauten. In den Hainen und Gärten des Generalife hörte man ein Singen und Raunen, das bis ins einsame Turmzimmer zum gefangenen. Prinzen hinaufklang; von allen Seiten erschollen Lieder, ein Fragen und Werben mit dem gleichen Thema, das immer wieder in … Liebe-Liebe-Liebe … ausklang. Schweigend und verwirrt horchte Achmed erstaunt auf und fragte sich verwundert: »Was mag wohl diese Liebe sein, von der die ganze Welt so voll ist? Was kann dieses Ding nur bedeuten, von dem ich noch niemals gehört habe?«

Er wandte sich also an seinen Freund, den Habicht, und bat ihn um Aufklärung. Doch der wilde Vogel antwortete verächtlich: »Da mußt du dich schon an die gewöhnlichen Vögel wenden, die in Gärten und Wäldern friedlich ihr Dasein fristen und dazu da sind, uns, den Fürsten der Lüfte, als Jagdbeute zu dienen. Mein Handwerk ist der Krieg und Kämpfen meine Freude. Ich bin ein harter Mann und weiß nichts von den Dingen, die man Liebe nennt.«

Mit Abscheu wandte sich der junge Prinz vom wilden Habicht ab und suchte die philosophierende Eule an ihrem Zufluchtsort auf. Das ist ein Vogel von friedlichen Sitten und Bräuchen, sagte er sich, und wird sicherlich imstande sein, meine Frage zu beantworten.

So bat er denn die Eule, ihm zu sagen, was es mit der Liebe für eine Bewandtnis habe, von der alle Vögel unten in den Wäldchen und Gärten sängen.

Als der Uhu diese so vulgäre Frage hörte, schaute er würdevoll auf und sagte mit beleidigter Stimme: »Ich bin Forscher und verbringe die Nächte mit klugen und klaren Studien, und während des Tages denke ich über das nach, was ich gelernt habe und was mir gelehrt wurde. Die Singvögel, von denen du sprichst, sind für mich nicht vorhanden; ich höre sie nicht und verachte ihre dummen Lieder. Allah sei gepriesen! Ich kann nicht singen, aber ich bin ein Philosoph und Astronom, der von den Dingen da, die man Liebe nennt, nichts weiß.«

Verwirrt begab sich nun Achmed ins Gewölbe, wo seine Freundin, die Fledermaus, wie gewöhnlich an ihren Füßen kopfabwärts hing und stumm vor sich hin träumte. Er legte auch ihr die für ihn so wichtige Frage vor. Die Fledermaus runzelte ihre Nase und antwortete recht schnippisch: »Warum störst du mich mit dieser blöden Frage in meinem Morgenschlaf? Du solltest wissen, ich fliege nur in der zwielichtigen Dämmerung umher, wenn alle Vögel schlafen und kümmere mich um ihr Treiben nicht. Ich bin weder Vogel noch Säugetier, wofür ich dem Himmel danke. Ich habe sie alle als Schurken kennengelernt und hasse alles, was da fleucht und kreucht. Mit einem Wort: Ich verachte dieses Gesindel und ihre Welt und weiß nichts von den Dingen, die man Liebe nennt.«

Nun blieb dem Prinzen nur noch die Schwalbe, an die er sich wenden konnte. Er suchte sie sogleich auf und traf sie nach längerem Suchen oben auf der Turmspitze, wo er sie sogleich anhielt und ihr sein Herz ausschüttete.

Die Schwalbe war, wie gewöhnlich, in großer Eile und hatte kaum Zeit zu antworten. »Auf mein Wort«, schnatterte sie gleich los, »ich habe so viele öffentliche Geschäfte zu besorgen und so viel zu tun, daß ich bis heute noch keine Zeit gefunden habe, über dieses Thema nachzudenken. Ich habe jeden Tag tausend Besuche zu machen, mich um tausend Sachen von Wichtigkeit zu kümmern, so daß mir kein Augenblick frei bleibt, mich mit derartig unbedeutendem Firlefanz zu beschäftigen. Ich bin eine freie Weltbürgerin und weiß nichts von dem, was man Liebe nennt.« Mit diesen Worten schoß die Schwalbe ins Tal hinunter und war im Nu in der Ferne verschwunden.

Der junge Mann war zutiefst enttäuscht, daß keiner seiner Freunde ihm sagen konnte, was Liebe eigentlich sei. Die Schwierigkeiten, etwas darüber zu erfahren, aber stachelten seine Neugier nur noch mehr an, und er beschloß, der Sache nun auf den Grund zu gehen, koste es was es wolle. In dieser gefährlichen Gemütsverfassung traf ihn der alte Lehrer auf der Plattform des Turmes an. Der Prinz ging schnell auf ihn zu und rief aufgeregt: »O Eben Bonabben, weisester aller Lehrer, du hast mich viel gelehrt, mir viele irdische Geheimnisse enthüllt! Es gibt aber einen Gegenstand, von dem ich nichts weiß, dessen Sinn und Form ich nicht kenne. Ich bitte dich, mich darüber aufzuklären, denn ich will erkennen, worum es sich handelt.«

»Mein Prinz hat nur die Frage zu stellen, und alles, was im beschränkten Bereich meiner Kenntnisse ist, steht ihm bedingungslos zur Verfügung.«

»So sage mir denn, du größter aller Weisen, was ist die Natur der Dinge, die man Liebe nennt?«

Eben Bonabben war wie vom Blitz getroffen. Ihm wurde ganz übel zumute; er zitterte, das Blut wich aus seinen Wangen, und es schien ihm, als säße sein Kopf nur mehr ganz lose auf den Schultern.

»Wie kommt mein Prinz auf solche Gedanken und zu einer solchen Frage? Wo mag er wohl so eitle und überflüssige Worte gehört haben?«

Der Prinz führte ihn ans Turmfenster und auf den Balkon hinaus und sagte ernst mit verschleierter Stimme: »Hör einmal hin, o Eben Bonabben!«

Und der Weise lauschte mit hellhörigem Ohr. Unten im Gebüsch saß eine Nachtigall und sang ein Liebeslied der Rose zu; aus jedem Wäldchen, von den Beeten, ja aus jedem Blütenzweig stiegen melodienreiche Hymnen auf, und tausendfach hörte man immer wieder: »Liebe! Liebe! Liebe!«

»Allah akbar! Gott ist groß!« rief der weise Bonabben aus, »wer könnte sich anmaßen, dieses Geheimnis dem Herzen des Menschen vorenthalten zu wollen, wenn es sogar die Vögel der Luft laut in die Natur hinausschmettern.«

Dann wandte er sich Achmed zu und fuhr fort: »Junger Mann, verschließe dein Ohr, auf daß du nicht diese verführerischen Töne hörst! Und laß ab, nach dem Sinn und Sein von Dingen zu forschen, deren Kenntnisse deinem Geist und deiner Seele nur Unheil bringen werden. Wisse, diese Liebe ist die Ursache allen Übels, oder wenigstens fast aller Übel und der Hälfte allen Wehs, das die sterblichen Menschen dieser armen Welt zwischen seinen Mühlsteinen zu zermahlen droht. Sie ist es, die Haß und Streit zwischen Brüdern und Freunden zeugt, die den meuchlerischen Mord gebiert und furchtbare Kriege entfacht. Kummer und Sorge, traurige Tage und schlaflose Nächte sind ihr Gefolge. Sie bringt die Schönheit der Jugend zum Welken und vergiftet ihre frohen Stunden, was Übel und Elend und ein vorzeitiges Altern zur Folge hat. Allah bewahre dich, mein Prinz, er möge dich schützen! Dringe nie darauf, das zu wissen, was man Liebe nennt!«

Nach diesen Worten verließ der weise Bonabben eiligst seinen Schüler. Er ließ ihn in größter Verwirrung zurück.

Achmed konnte keine Ruhe finden; vergebens versuchte er, sich alle Gedanken an die Liebe aus dem Kopf zu schlagen, die ihn ständig quälten und seinen Geist erschöpften. Er kam über eitle Vermutungen nicht hinaus und konnte der Sache nicht auf den Grund kommen.

»Merkwürdig«, überlegte er, »ich kann aus diesen herrlichen Melodien keinen Kummer heraushören«, als er dem Gesang der Vögel wieder und immer wieder lauschte, »in allem klingt Zärtlichkeit, aus jedem Ton spricht Freude! Wenn die Liebe wirklich die Ursache von so viel Elend und Streit wäre, warum trauern dann nicht diese Vögel schmachtend in der Einsamkeit der Wälder? Warum werden sie nicht zu wilden Faltern und reißen einander in Stücke? Warum flattern diese wunderbaren Geschöpfe fröhlich und zufrieden in den Gärten und Wäldchen herum und spielen miteinander unter Blumen und Blüten, wenn Liebe nur Haß, Zwietracht und Unglück zeugt?«

Eines Morgens lag Achmed auf seinem Diwan und dachte angestrengt über diesen noch immer ungeklärten und ihm unerklärlichen Tatbestand nach. Das Fenster seines Zimmers stand offen, um den sanften Morgenwind hereinzulassen, der mit dem feinem Duft aus den Orangengärten im Darrotal heraufkam. Leise hörte man den Sang der Nachtigall, das Zwitschern der Schwalben und Zirpen der Grillen und aus der Ferne her liebliches Saitenspiel. Während nun der Prinz melancholisch diesem zauberhaften Konzerte lauschte, weckte ihn lauter Flügelschlag aus seinen Träumen. Eine von einem Habicht verfolgte Taube schoß durchs Fenster ins Zimmer und fiel erschöpft auf den Fußboden, während der um seine Beute gebrachte Verfolger wieder zu seinem Horst in den Bergen zurückflog.

Der jugendliche Prinz nahm den schwer keuchenden Vogel auf, strich ihm das Gefieder glatt und drückte ihn liebevoll an seine Brust. Es war ein Täuberich. Als es ihm endlich gelungen war, den schönen Vogel zu beruhigen, setzte er ihn in einen goldenen Bauer und gab ihm eigenhändig den feinsten Weizen und das reinste Wasser zur Atzung. Doch das Tier nahm keine Nahrung zu sich. Traurig und gramvoll saß es auf der Sprosse und seufzte erbarmungswürdig.

»Was fehlt dir?« fragte Achmed besorgt. »Hast du nicht alles, was dein Herz begehrt?«

»O nein«, erwiderte der Täuberich, »ich bin von der Gefährtin meines Herzens getrennt und noch dazu im schönen Frühling, der glücklichen Jahreszeit der wahren Liebe!«

»Der Liebe?« wiederholte Achmed. »Ich bitte dich, liebes Tier, kannst du mir sagen, was Liebe ist?«

»Nur zu gut kann ich das, mein Prinz. Sie ist die Qual bei einem, das Glück bei zweien, sie bringt Streit und die Feindschaft bei dreien. Sie ist der Zauber, der zwei Wesen zueinander hinzieht, sie bei vorhandener Seelenverwandtschaft vereinigt und ihr Beieinandersein zum Glück, ihr Getrenntsein aber zum Unglück werden läßt. Gibt es kein Wesen, zu dem du in zärtlicher Neigung dich hingezogen fühlst?«

»Ich liebe meinen alten Lehrer Eben Bonabben mehr als jedes andere Wesen; aber er redet oft langweilig, und hin und wieder fühle ich mich ohne seine Gesellschaft weit glücklicher.«

»Das ist nicht die Seelenverwandtschaft, die ich meine. Ich rede von der Liebe, dem großen Geheimnis und dem schöpferischen Prinzip allen Lebens, für die Jugend ist sie Rausch und dem Alter ruhige Freude. Blicke hinaus, mein Freund, und sieh, wie zu dieser Jahreszeit die ganze Natur von Liebe erfüllt ist. Jedes lebendige Wesen hat seinen Liebesgenossen; der unscheinbarste Vogel singt seiner Liebsten ein Lied, aus dem seine heißen Gefühle sprechen, selbst der Käfer im Staub und Mist wirbt jetzt um sein Weibchen, und jene Schmetterlinge, die du hoch über dem Turme flattern und in der Luft spielen siehst, sind glücklich in der Liebe. Ach, mein guter Prinz, wie konnten nur so viele Jahre deiner Jugend verstreichen, ohne daß du von der Liebe etwas erfahren hast? Gibt es kein zartes Wesen des anderen Geschlechts, eine schöne Prinzessin, ein liebenswürdiges Burgfräulein, die dein Herz gewonnen und bei dir den Wunsch, von ihnen geliebt zu werden, erweckt hat?«

»Ich fange an zu verstehen«, sagte der junge Prinz seufzend, »oft habe ich durchaus solche Empfindungen und eine ähnliche Unruhe in mir verspürt, aber ohne deren Ursache zu kennen. Doch wo sollte ich in meiner Einsamkeit und Abgeschlossenheit jenes Wesen suchen, in das ich mich verlieben könnte?«

Lange noch unterhielten sich beide, bis die erste Liebeslektion des Prinzen beendet war.

Ernst blickte Achmed, dann murmelte er leise: »Wenn die Liebe wirklich eine solche Wonne ist und man ohne sie nur in seelischem Elend leben kann, so möge Allah verhüten, daß ich ein verliebtes Paar unglücklich mache!«

Rasch öffnete er den Käfig, nahm den Vogel heraus, küßte ihn zärtlich und trug ihn zum Fenster.

»Fliege, glücklicher Vogel, genieße die Jugend und freue dich zusammen mit deiner Gefährtin darüber, daß es Frühling ist. Du sollst in diesem traurigen Turm nicht mein Zellengenosse sein, hier, wo die Liebe keinen Zutritt hat.«

Glücklich breitete der Tauber seine Flügel aus, hob sich mit einem Schwung in die Luft und schoß dann im Sturzflug hinunter zu den blühenden Lauben am Darro.

Der Prinz folgte ihm mit den Augen, bis er seinen Blicken entschwand.

Nichts machte dem jungen Mann von nun an mehr Freude; nicht das Singen der Vögel, nicht das Zirpen der Grillen und auch nicht der berauschende Blumenduft von Rosen, Nelken und Orangenblüten. All das verstärkte nur seine Bitterkeit. Nach Liebe lechzte sein Herz! Liebe! Liebe! Ach, nun verstand er die Melodie, das Lied der Geschöpfe, das von Liebe sprach.

Seine Augen sprühten Feuer, als er nach einigen Tagen den weisen Bonabben wieder sah. Voll Zorn rief er ihm zu: »Warum hast du mich in solcher Unwissenheit aufwachsen lassen? Warum ließest du mich nicht das große Geheimnis des Lebens und das Wunder allen Seins kennen, welches selbst den niedrigsten Insekten bekannt ist! Sieh und hör, die ganze Natur befindet sich in einem Taumel des Entzückens! Jedes Wesen freut sich seines Gefährten. Das ist die Liebe, von der du mir hättest erzählen müssen. Warum versagt man mir allein ihren Genuß? Warum wurde mir all die Jahre, ja selbst heute noch, diese Freude vorenthalten?« Der weise Bonabben sah ein, daß jede weitere Geheimnistuerei vollkommen nutzlos wäre, daß der Prinz bereits all das wußte, was ihm nicht gelehrt und gesagt werden sollte. Also sprach er zu ihm von der Vorhersagung der Astrologen und den Vorsichtsmaßregeln, die man bei seiner Erziehung getroffen hatte, um das drohende Unheil abzuwenden, das über ihm schwebte.

»Und jetzt, mein Sohn«, fügte er hinzu, »liegt mein Wohl und Wehe in deinen Händen. Wenn dein königlicher Vater erfährt, daß du trotz meiner Aufsicht und Obhut die Leidenschaft der Liebe kennengelernt hast, so kostet mich das meinen Kopf, denn unser Sultan pflegt Wort zu halten.«

Der Prinz war Eben Bonabben durchaus zugetan, und da er bis jetzt das Feuer der Liebe nur unbewußt spürte, so versprach er, sein neues Wissen für sich zu behalten, um den Kopf des Philosophen nicht zu gefährden.

Doch das Schicksal wollte es, daß seine Großmut noch auf harte Proben gestellt werden sollte. Als er einige Tage später frühmorgens auf der Plattform des Bergfrieds auf und ab ging, seinen Gedanken nachhängend, da kam der Tauber wieder geflogen und setzte sich furchtlos auf seine Schulter.

Voll Freude liebkoste ihn der Prinz und sagte mit bewegter Stimme: »Glücklicher Vogel, der du wie auf Schwingen der Morgenröte bis ans Ende der Welt fliegen kannst! Wo warst du seit jenem Tag, an dem ich dir die Freiheit schenkte?«

»In einem fernen Land, mein Prinz, aus dem ich dir zur Belohnung für deine Großmütigkeit eine Nachricht bringe. Einmal sah ich auf meinem weiten Flug über wilde Berge und fruchtbare Ebenen tief unter mir einen herrlichen Garten voll der schönsten Blumen und Blüten, mit Bäumen, deren Äste und Zweige sich unter der Last der wundervollsten Früchte bogen. Er lag in einer grünen Aue, an den Ufern eines Flusses, dessen klare Wasser sich durch die Ebene dahinschlängelten. In der Mitte dieses Paradieses stand ein prächtiges Schloß. Ich flog auf eine Baumgruppe zu, um dort auszuruhen, denn anstrengende Tage lagen hinter mir. Es war ein schönes Plätzchen; rundherum Blumen in allen Farben des Regenbogens, angenehm riechende Früchte, und unten auf der Rasenbank saß eine junge Prinzessin, die in ihrer Schönheit und Anmut einem Engel glich. Junge Dienerinnen, feengleich wie sie, waren ihre Hofdamen, sie schmückten das Mädchen mit Blumenkränzen. Doch keine der Blumen, selbst die nicht aus den hängenden Gärten der Semiramis, konnten mit dem Königskind an Schönheit wetteifern.

Allein die Prinzessin blühte dort, einem Veilchen gleich im Verborgenen, denn der Garten war von hohen Mauern umgeben, und kein Sterblicher durfte eintreten. Als ich dieses schöne Mädchen sah, so jung, so unschuldig, so rein und ohne Makel, da sagte ich mir sofort: ›Das ist das Wesen, das der Himmel geschaffen hat, damit mein freundlicher Prinz die Liebe kennenlernt.‹«

Diese Worte fielen wie zündende Funken in das Herz Achmeds, dessen Liebessehnsucht endlich das erwünschte Wesen gefunden hatte.

Aufgeregt schrieb er einen leidenschaftlichen Brief an die schöne Prinzessin; in wohlgesetzen Sätzen gestand er ihr seine Liebe und beklagte traurig sein hartes Los. Nur die Gefangenschaft, so stand in dem Brief, hindere ihn daran, sie aufzusuchen und sich ihr zu Füßen zu werfen. Er fügte Verse hinzu, in denen er mit zärtlicher Beredsamkeit seinen Gefühlen Ausdruck gab.

Als Aufschrift trug der Brief die Worte:

»An die schöne Unbekannte, von dem gefangenen Prinzen Achmed.« Schließlich schüttete er noch Moschus und Rosenöl über das Schreiben und übergab es dann dem Tauber.

»Nun, lieber Bote!« sagte er. »Fliege über Berge und Täler, über Flüsse und Ebenen, Wiesen und Wälder! Raste aber nicht eher im Gebüsch und Laub der Bäume, setze deinen Fuß nicht eher auf die Erde, bis du diese Botschaft der Geliebten meines Herzens übergeben hast.«

Der Täuberich schwang sich hoch in die Luft, nahm Richtung und schoß dann davon. Der Prinz folgte ihm mit den Augen, bis nur mehr ein ganz kleiner Punkt am fernen Horizont zu sehen war, der allmählich in der Weite entschwand.

Tag um Tag wartete Achmed auf die Rückkehr des Liebesboten; aber vergebens suchte er stundenlang den Himmel nach dem Tauber ab. Schon fing er an, ihn der Vergeßlichkeit zu schelten, als der treue Vogel eines Abends gegen Sonnenuntergang in sein Zimmer flatterte, dort auf den Boden fiel und starb. Der Pfeil eines mutwilligen Bogenschützen hatte ihm die Brust durchbohrt, und dennoch flog er mit den letzten Lebenskräften weiter bis auf den Turm zum Prinzen, der ihn so dringlich erwartet hatte.

Als dieser sich kummervoll über den Märtyrer der Treue beugte, bemerkte er, daß der tote Tauber eine feine Perlenschnur um seinen Hals trug, an der, versteckt unterm Flügel, ein kleines Medaillon hing, auf dem ein wundervolles Emailbildchen zu sehen war. Dieses zeigte eine schöne Prinzessin in der ersten Blüte ihrer Jahre. Ohne Zweifel handelte es sich um die schöne Unbekannte im Lustgarten, von der der gute Tauber einst gesprochen hatte. Wer war sie aber, und wo lebte sie? Wie hatte sie seinen Brief aufgenommen, und war das kleine Bildchen wirklich eine Zusage und eine Antwort, ein Zeichen der Genehmigung seiner Leidenschaft? Die tote Taube aber schwieg und blieb für ewig stumm, und der feurige Liebhaber sollte auf seine Fragen keine Antwort mehr bekommen.

Er blickte sehnsuchtsvoll auf das Bild, bis seine Augen in Tränen schwammen; dann küßte er es, drückte es an sein Herz und betrachtete es wieder stundenlang mit zärtlicher Leidenschaft.

»Schönes Bild«, sagte er, »ach, du bist nur ein Bild! Doch deine frischen Augen strahlen mir zärtlich entgegen, deine rosigen Lippen scheinen mich zu ermutigen! Eitle Einbildung, alles ist Phantasie! Lächelten sie einem glücklichen Nebenbuhler nicht ebenso lieblich zu? Mein Gott im Himmel, wo kann ich wohl dieses schöne Mädchen finden, das der Künstler hier malte? Wer weiß, welche Berge und Länder uns trennen. Wer kennt die Gefahren, die uns drohen? Vielleicht drängen sich jetzt, gerade jetzt, Freier um sie, während ich hier im Turm gefangen sitze und meine Zeit mit Seufzen und der Anbetung eines gemalten Schattens verliere!«

Rasch entschlossen sagte Achmed weiter: »Ich will aus diesem Palast entfliehen, denn er wurde mir zum verhaßten Gefängnis! Und als Pilger der Liebe werde ich durch die ganze Welt ziehen und suchen, bis ich die unbekannte Prinzessin finde und an mein Herz drücken kann.«

Weiter überlegend sagte sich der junge Mann, daß tagsüber, wenn die Diener und Wächter alle aus und ein liefen, eine Flucht wohl schwerlich gelingen dürfte, er also den Einbruch der Nacht abwarten müsse, denn da stünden dann nur ganz wenige Posten auf den Mauern, und selbst die schliefen oft, denn niemand befürchtete einen Ausbruch des lammfrommen Prinzen. Aber wie sollte er bei seiner Flucht in dunkler Nacht den rechten Weg finden? Er kannte doch die Gegend nicht! In dieser unangenehmen Lage fiel ihm die Eule ein, die Rat wissen mußte, denn sie war es gewohnt, bei Nacht herumzustreifen und auf geheimen Pfaden und Wegen auf die Pirsch zu ziehen. Umgehend begab er sich nun in ihre Klause und fragte sie bezüglich ihrer Landeskenntnisse aus. Die Eule setzte eine gewichtigte Miene auf und sagte ernst, jedes Wort betonend: »Du mußt wissen, mein Prinz, daß wir Eulen eine weitverzweigte und alte Familie darstellen; es ist richtig, daß wir etwas verarmt und heruntergekommen sind, aber noch immer nennen wir in allen Teilen Spaniens viele hundert verfallene Schlösser und Türme unser eigen. Es gibt kaum eine Bergwacht auf schroffem Fels, keine Festung in den Ebenen, keinen Palast in einer kastilischen Stadt und keine Pfalz auf den Hügeln Andalusiens, in der nicht ein Bruder, ein Oheim oder Vetter wohnte. Oft besuchte ich schon meine lieben Verwandten und kam dabei durchs ganze Land, das ich in meinem Wissensdrang genauest durchforschte. Ich kenne also jeden Winkel, jeden Weg und Steg von nah und fern und auch, den geheimsten Unterschlupf, den Menschen je betreten hatten.«

Achmed war hocherfreut, in der Eule einen so kundigen Berater gefunden zu haben und berichtete ihr nun im Vertrauen von seiner zärtlichen Liebe und seinen Fluchtplänen. Auch bat er sie inständig, ihn auf der Reise zu begleiten, da er ihren Rat ja so notwendig brauche, denn allein käme er in seiner Unerfahrenheit nicht weiter.

»Wieso ich!« schnauzte ihn die Eule unfreundlich an, »glaubst denn du wirklich, daß ich mich mit Liebeshändeln befasse? Ich, deren Zeit, Tun und Lassen ausschließlich der sinnenden Betrachtung, dem Studium und dem Mondkult geweiht ist?«

»Sei nicht böse, höchst ehrwürdige Eule«, war Achmeds Antwort, »opfere mir deine kostbaren Tage, und laß eine Weile die Meditation und den Mond. Hilf mir bei meiner Flucht, und sei mein Führer durchs unbekannte Land. Ich will dich reichlich dafür belohnen, denn alles sollst du haben, was dein Herz wünscht.

»Ich habe alles, was mein Herz begehrt«, schnarrte der unfreundliche Vogel, »ein paar Mäuse als frugales Mahl, dieses Mauerloch als Wohnung sind reichlich genug für mich, denn ein Philosoph braucht nicht mehr.«

»Bedenke, weiseste aller Eulen und Uhus, hier im Verborgenen gehen deine großen Talente und Kenntnisse für die Welt verloren; niemandem nützen sie, und niemand kennt sie.

Ich werde eines Tages regierender Fürst sein, und dann kann ich dich auf einen Posten von Rang und Ehren setzen, von wo du mit deinen weisen Entschlüssen das ganze Land beglückend organisieren und seine Bewohner als guter Kanzler führen könntest.«

Wenn auch die Eule ein Philosoph war und sich über die gewöhnlichen Bedürfnisse des Lebens erhaben fühlte, so hatte sie doch noch nicht jeden Ehrgeiz verloren, und Minister konnte man schließlich und endlich nicht alle Tage werden. Der kluge Vogel ließ sich nach einigen Versprechungen ohne Mühe dazu bringen, daß er zusagte, den jungen Prinzen auf seiner Liebesfahrt zu begleiten und sein Führer und Ratgeber zu werden.

Verliebte pflegen rasch zu handeln und ihre Pläne umgehend zu verwirklichen. Der Königssohn suchte alle seine Juwelen, Goldmünzen und Schmuckstücke zusammen und versteckte das Reisegeld in seinen Kleidern. In derselben Nacht noch ließ er sich an geknüpften Gürteln vom Balkon herunter, lief durch den Garten und sprang ungesehen über die Außenmauer des Generalife. Einmal draußen, übernahm gleich die Eule die Führung, und beide erreichten noch vor Tagesanbruch glücklich das Gebirge, wo sie in Sicherheit waren.

Der Prinz und sein Mentor setzten sich nun zusammen und berieten, was weiterhin zu tun sei und welchen Weg man nehmen müßte.

Ernst und gewichtig, wie alle Hofräte, hub die Eule allsogleich zu sprechen an: »Wenn ich dir raten darf, so schlage ich vor, daß wir uns nach Sevilla begeben. Du mußt wissen, daß ich vor Jahren mehrmals dort meinen Oheim besuchte, einen Vogel von hoher Würde und großem Ansehen. Er wohnte in einem verfallenen Flügel des Sevillaner Alcázars und empfing nachts seine Besuche, daß ich also gar viele Bekanntschaften machen konnte. Allein oder mit guten Freunden durchstreifte ich dann die Stadt und konnte dabei viel sehen und lernen. Auf meinen nächtlichen Spazierflügen hatte ich auch bemerkt, daß in einem Turm in der Nähe des königlichen

Alcázars fast immer eine Ölfunzel brannte, was natürlich meine Neugierde ganz gewaltig erregte. Ich ging der Sache nach, flog zum Turm und ließ mich vorsichtig auf der Zinne nieder. Von dort aus sah ich einen arabischen Zauberer, der beim Schein der rauchenden Lampe emsig arbeitete und wissenschaftliche Versuche machte. Vor, neben und hinter ihm lagen stoßweise Bücher und gelbe Pergamentrollen, und auf seinen Schultern saß ein alter Rabe, der vertrauteste Freund, den er seinerzeit aus Ägypten mitgebracht hatte. Mit dem Raben bin ich sehr gut bekannt und verdanke ihm einen großen Teil meiner Kenntnisse. Der Magier selbst ist seitdem gestorben, aber der Rabe lebt noch im gleichen Turmzimmer, denn du weißt ja, daß diese Vögel ein wunderbar langes Leben haben. Ich möchte dir nun raten, o Prinz, diesen Raben aufzusuchen; er ist ein großer Wahrsager und Beschwörer, ein Astrologe und Fachmann in der schwarzen Kunst, wegen der gemeinhin alle Raben, vorzugsweise aber die aus Ägypten, bekannt und berühmt sind.«

Dem Prinzen leuchtete der weise Rat ein, und seinem zukünftigen Minister folgend, zogen sie in Richtung Sevilla weiter. Achmed reiste seinem Genossen zuliebe nur des Nachts und ruhte bei Tag in irgendeiner dunklen Höhle oder in einem verfallenen Wachtturm, denn die Eule war mit den Unterkünften und Schlupfwinkeln solcher Art wohlbekannt, und außerdem hatte sie von je eine wahre Leidenschaft für jede Art von alten Bauten und archäologischen Kunstschätzen.

Alles hat einmal sein Ende, und so erreichten auch die beiden Reisenden eines schönen Tages kurz vor Sonnenaufgang die Stadt Sevilla. Die Eule blieb draußen vor den Mauern. Sie verabscheute die Helligkeit und den großen Lärm in den dichtgedrängten Straßen. In einem hohlen Baum bei einer Muhme schlug sie ihr Quartier auf, wo sie von niemandem belästigt wurde.

Der Prinz schritt rasch durchs Tor und fand bald den beschriebenen Turm, der sich gleich einer Palme hoch über die Häuser der Stadt erhob. Es war in der Tat derselbe, der heute noch steht und unter dem Namen Giralda als das berühmteste maurische Bauwerk Sevillas bekannt ist.

Achmed stieg die steile Wendeltreppe bis zur Spitze des Turms hinauf und traf dort tatsächlich den zauberkundigen Raben. Es war ein alter Vogel, grauköpfig, mit struppigem Gefieder; auf einem Auge schien er blind zu sein, denn eine weiße Haut deckte es zu, was seinen Anblick gespensterhaft, ja furchterregend machte. Als der Prinz kam, stand er auf einem Bein und starrte einäugig mit zur Seite geneigtem Kopf vor sich hin auf die kabbalistischen Zeichen, die auf den Bodenfliesen zu sehen waren.

Leise und ehrerbietig näherte sich ihm der königliche Besucher, mit jener Scheu, die das würdige Aussehen und sein übernatürliches Wissen jedem unwillkürlich einflößten.

»Verzeih mir, o ältester Meister in der Kabbala«, rief er aus, »wenn ich einen Augenblick diese Studien unterbreche, die die gesamte Welt in Bewunderung versetzen. Du hast einen Mann vor dir, der sich der Liebe geweiht hat und dich nun um Rat fragen möchte, wie er ans Ziel, zum Gegenstand seiner Leidenschaft gelangen könne.«

»Mit anderen Worten«, sagte der Rabe, ihn bedeutungsvoll anschielend, »du willst meine Kenntnisse in der Chiromantie erproben. Komm, zeig mir deine Hand, und laß mich die geheimnisvollen Schicksalslinien entziffern.«

»Entschuldige«, versetzte der Prinz, »ich komme nicht um einen Blick in die Zukunft zu tun, auch will ich nicht das wissen, was Allah dem Auge der Sterblichen verborgen hält; ich bin ein Pilger der Liebe und suche den Weg, der mich ans Ziel und zum Gegenstand meiner Irrfahrten führt.«

»Aber mein guter Junge, wie ist es möglich, daß du im fröhlichen und leichtlebigen Andalusien nicht ein deiner Liebe wertes Wesen finden kannst?« krächzte der alte Rabe und blickte ihn von der Seite her an, »hier im üppigen Sevilla kannst du doch unmöglich in Verlegenheit kommen, hier, wo unter Orangenbäumen auf den Straßen und in Gärten glutäugige Mädchen Zainbra tanzen?«

Der Prinz wurde rot vor Verlegenheit und staunte einigermaßen darüber, einen so alten Vogel, der übrigens bereits mit einem Fuß im Grabe stand, derartig locker sprechen zu hören.

»Glaube mir«, sagte er daher ernst, »ich bin auf keines jener leichtfertigen Liebesabenteuer aus, wie du vielleicht vermutest. Die leichtgeschürzten, schwarzäugigen Mädchen Andalusiens, die unter Orangenbäumen an den Ufern des Guadalquivirs tanzen, sind für mich nicht vorhanden, und ich kümmere mich keineswegs um sie. Ich suche eine unbekannte, aber makellose Schönheit, das Mädchen, das zu diesem Bild Modell stand. Ich ersuche dich, höchst mächtiger Rabe, sage mir, wenn du kannst und es dein Wissen erlaubt, wo ich das begehrte, schöne Geschöpf suchen muß und finden werde.«

Der alte Graukopf war wirklich etwas betroffen, als er den Prinzen mit solchem Ernst sprechen hörte.

Er erwiderte daher abweisend: »Was weiß' ich von Jugend und Schönheit! Ich besuche ja nur Alte und von Krankheiten gezeichnete Wesen; nichts habe ich mit Frische und Schönheit zu tun! Ich bin des Schicksals Bote und krächze von den Schornsteinen herab meine traurigen Weissagungen, die fast immer eine Todesnachricht enthalten, und schlage dann und wann mit meinen Flügeln an die Fenster eines Krankenzimmers, wenn der Sensenmann sich nähert. Du mußt schon anderswo nach deiner unbekannten Schönen forschen, denn ich bin wirklich nicht der Richtige dazu, der dir darüber Nachricht geben könnte.«

»Aber bei wem sonst soll ich suchen, als bei den Söhnen der Weisheit, die im Buche des Schicksals lesen können? Wisse, ich bin ein Prinz königlichen Geblüts, von den Sternen zu geheimnisvollen Unternehmungen auserwählt, von denen die Zukunft und das Schicksal ganzer Länder und Nationen abhängen kann.«

Als der Rabe merkte, daß die Angelegenheit von Wichtigkeit war und daß deren Verwirklichung von den Sternen abhänge, da änderte er gleich seinen Ton und sein Benehmen. Aufmerksam lauschte er der Erzählung des Prinzen, und als dieser geendet hatte, sagte er in gewichtigem Ton: »Über diese Prinzessin kann ich dir leider keine Auskunft geben, denn in Garten und Lauben, wo Frauen sind, halte ich mich in der Regel nicht auf. Aber ziehe bis Córdoba weiter und gehe dort zur ehrwürdigen Palme des großen Abderrahman, die im Hof der Mezquita steht, und dort wirst du einen Weisen finden, der alle Länder und alle königlichen Residenzen besucht hat und ein Liebling vieler Königinnen und Fürstinnen gewesen ist. Man wird dir dort sicherlich die gewünschte Auskunft geben können.«

»Vielen Dank für diese wertvolle Nachricht«, sagte Achmed, »und lebe wohl, du ehrwürdiger Astrologe«.

»Fahre hin, Pilger der Liebe«, sagte der Rabe wenig freundlich und vertiefte sich neuerlich in seine kabbalistischen Diagramme.

Der Prinz eilte aus der Stadt hinaus, holte seinen Reisegenossen, die Eule, ab, die noch immer im hohlen Baum bei ihrer Gevatterin schlummerte, und zog eiligst in Richtung Córdoba weiter.

Sie wanderten das fruchtbare Tal des Guadalquivirs aufwärts, durch duftende Haine, Orangenpflanzungen und Zitronenwälder, und kamen endlich an den hängenden Gärten Córdobas vorbei, die die Umgebung der Stadt zierten. Am stark bewachten Tor trennten sich die beiden Fahrtgenossen; die Eule blieb draußen und flog in ein dunkles Mauerloch unter dem Wachtturm, während der Prinz eilig weiterging, um die Palme zu suchen, die der große Abderrahman vor uralten Zeiten gepflanzt hatte. Leicht war es ihm, sie zu finden, denn sie stand im Vorhof der Hauptmoschee und überragte weit die übrigen Bäume. Derwische und Fakire saßen gruppenweise in den Säulengängen der

Patios und erörterten diskutierend und gestikulierend irgendein theologisches Problem. Auch waren viele fromme Gläubige da; sie verrichteten ihre rituellen Waschungen, ehe sie das Gotteshaus betraten.

Am Fuß der Palme drängte sich eine Menge von Menschen und horchte aufmerksam auf die Worte eines Redners, der mit gewandter Geläufigkeit zu sprechen schien.

»Dies«, sagte sich der Prinz, »muß der Weise sein, der mir Auskunft über die unbekannte Prinzessin geben soll.«

Achmed mischte sich unter die Leute und bemerkte mit Erstaunen, daß alle einem Papagei zuhörten, der mit seinem hellgrünen Rock, den verschmitzten Äuglein und einem wehenden Federbusch auf dem Kopf den Eindruck eines eitlen und von sich selbst eingenommenen Wesens machte.

»Wie kommt es«, sagte der Prinz zu einem der Zuhörer, »daß so viele ernste Personen an dem dummen Geschwätz eines plappernden Vogels Gefallen finden können?«

»Freund, ihr wißt nicht, von wem und was ihr sprecht!« antwortete leise der andere, »dieser Papagei ist ein direkter Nachkomme des berühmten persischen Papageis, der wegen seines Erzählertalentes auf der ganzen Welt berühmt war. Dieser kluge Vogel hier hat alle Gelehrsamkeit des Morgenlandes auf seiner scharfen Zungenspitze; er ist Philosoph und Dichter, und er spricht in gereimten Versen ebenso schnell wie der klügste Derwisch seine auswendig gelernten Koranzitate. Weit kam er herum! Er besuchte fremde Königshöfe, Universitäten und hohe Schulen, und überall bestaunte ihn jung und alt wegen seiner Gelehrsamkeit. Auch war er der allgemein anerkannte Liebling schöner Damen und verbrachte viel Zeit in Kemenaten und Harems, was bei der Vorliebe des schwachen Geschlechtes für dichtende und gebildete Papageien leicht verständlich ist.«

Hier unterbrach Achmed den Bürger von Córdoba und rief: »Genug, ich will eine private Unterredung mit diesem berühmten Weisen haben.«

Die Audienz wurde ihm gewährt, und der Liebespilger setzte dem weisen und vielgereisten Vogel Ziel und Zweck seiner Wanderschaft auseinander. Doch kaum hatte dieser vom Herzeleid Achmeds gehört, als er auch schon in ein trockenes und lautes Lachen ausbrach, daß ihm die Tränen aus den Augen flossen.

»Entschuldige meine Heiterkeit«, sagte der Papagei, »schon die bloße Erwähnung des Wortes Liebe bringt mich zum Lachen.«

Der Prinz war von dieser unhöflichen Heiterkeit keineswegs erbaut und sagte etwas verletzt. »Ist die Liebe nicht das große Geheimnis der Natur, das heilige Prinzip des Lebens, das gemeinsame Band, das in zarter Seelenverwandtschaft Mann und Frau sich finden läßt?«

»Ja, was du nicht alles weißt!« rief der Papagei, ihn laut unterbrechend, »sag mir doch, woher hast du eigentlich dieses sentimentale Geschwätz? Glaub mir, Liebe ist aus der Mode! In der guten Gesellschaft, bei Leuten von feiner Bildung und Witz wird darüber nicht mehr gesprochen.«

Mit Wehmut dachte Achmed an seine arme Freundin, die gute Taube, und wie die ganz anders von der Liebe gesprochen hatte. Der Prinz fand aber das Verhalten des Papageis verständlich und nahm es ihm nicht übel, denn das lange Hofleben, so dachte er sich, habe den Vogel affektiert und eingebildet gemacht, was ja auch Männern von Ruf zustoßen soll. Keinesfalls jedoch wollte er seine innersten Gefühle dem Spott des schwatzenden Papageis nochmals preisgeben. Er kam daher rasch auf den unmittelbaren Zweck seines Besuches zu sprechen.

»Sage mir, hochgebildeter Freund von Königen, Fürsten und Prinzessinnen, der du überall, selbst in die geheimsten Gemächer der adeligen Schönen Zutritt hattest, begegnetest du einmal auf deinen Reisen diesem schönen Mädchen, das hier abgebildet ist?«

Der Papagei nahm das kleine Rundbildchen in seine Krallen, wackelte mit dem Kopf von einer Seite zur anderen und prüfte mit neugierigen Äuglein die Gesichtszüge des Mädchens.

»Blitz und Donnerschlag«, rief er, »wirklich ein recht hübsches Gesicht; wirklich schön und zart. Aber ich habe auf meinen Reisen so viele nette Frauenzimmer gesehen, daß ich mich wirklich nicht erinnern kann. Doch halt, wahrhaftig! wenn ich recht sehe …, nun bin ich ganz sicher: Es ist die Prinzessin Aldegunda! Wie konnte ich nur diesen Engel vergessen, bei dem ich in so hoher Gunst stand!«

»Die Prinzessin Aldegunda«, wiederholte Achmed. »Und wo kann ich sie finden?«

»Immer langsam«, antwortete der Papagei, »sie ist nämlich viel leichter zu finden als zu gewinnen. Aldegunda ist die einzige Tochter des christlichen Königs von Toledo. Wegen einer Prophezeiung von Astrologen und Wahrsagern, die sich ja bekanntlich in alle Sachen mischen, auch wenn diese sie selbst nichts angehen, hält man das schöne Mädchen bis zu ihrem siebzehnten Geburtstag von aller Welt abgeschlossen. Du wirst sie nicht bewundern können, denn kein Sterblicher darf sie sehen. Ich wurde seinerzeit eingeführt und zugelassen, um sie zu zerstreuen und zu unterhalten, was mir bei dem guten Kind auch leicht gelang. Auf mein Ehrenwort kann ich dir versichern, daß ich auf der Welt kein hübscheres und liebenswerteres Wesen gesehen habe.«

»Ein Wort im Vertrauen, lieber Papagei«, sagte Achmed, »du mußt wissen, daß ich der Erbe eines großen Königreiches bin und eines Tages auf dem Thron von Granada sitzen werde. Ich sehe, daß du ein kluger Vogel bist und die Welt kennst. Hilf mir die Prinzessin freien, und du sollst einer meiner höchsten Hofbeamten werden.«

Ernst antwortete der Papagei: »Von Herzen gern, lieber Freund! Was aber die Stellung bei Hof anbelangt, so möchte ich dich bitten, mir eine gute Pfründe ohne Amtsgeschäfte zu geben, denn wir Schöngeister haben einen gewissen Widerwillen gegen Arbeit.«

Bald war alles geordnet, das Anstellungsdekret unterzeichnet, und Prinz und Papagei verließen die Kalifenstadt durch dasselbe Tor, durch das vor Stunden die königliche Hoheit ratsuchend allein hereingekommen war.

Draußen vor der Stadtmauer pfiff Achmed die Eule aus dem Mauerloch heraus, machte seine beiden Kronräte miteinander bekannt, und gemeinsam zogen sie dann nach Erledigung einiger Förmlichkeiten gegen Norden und den Bergen zu.

Die Fahrt ging allerdings nicht so schnell vonstatten, wie es der Prinz wohl wünschte; er mußte einige Unannehmlichkeiten mit in Kauf nehmen: Da war einmal der verwöhnte und an ein bequemes Leben gewohnte Papagei, der in der Frühe nicht gestört sein wollte. Die Eule ihrerseits wieder hielt eine ausgiebige Siesta und döste bis in den späten Nachmittag hinein; dazu kam noch ihr Fimmel für alte Bauten und archäologische Kunstschätze, die sie alle sehen wollte. Bei jeder Ruine machte sie halt, kroch in allen Mauerlöchern herum, besuchte Basen und Vettern, Uhus und Käuze und erzählte dann gar lange Geschichten von den Burgen und Türmen, von deren einstigen Bewohnern und den Umständen, die ihre Mauern zum Bersten brachten. Zu all dem kamen noch unangenehme Familienzwistigkeiten: Eule und Papagei vertrugen sich nämlich ganz und gar nicht. Obschon beide Vögel sehr gebildet waren, behagte keinem die Gesellschaft des anderen; den ganzen Tag hindurch stritten sie, kaum daß sie sich irgendwo trafen. Der Papagei war ein Schöngeist, die Eule ein Philosoph. Ersterer rezitierte Verse, kritisierte die neuesten wissenschaftlichen Arbeiten und Bücher, wobei er mit beißendem Spott, aber ohne Fachwissen, die verschiedensten Disziplinen der Gelehrsamkeit eingehendst behandelte. Für die Eule waren natürlich derartige Kenntnisse ganz und gar bedeutungslos und reiner Unsinn, und sie antwortete mit einem Vortrag über Metaphysik. Dann wieder sang der Papagei mancherlei Lieder, die nicht für jedermanns Ohr waren; er erzählte gute Witze und unterhielt sich auf Kosten seines Reisegenossen. Solches Gehabe verletzte natürlich die Würde der Eule, die sich furchtbar ärgerte, vor Wut fast barst und den weiteren Rest des Tages wie ein Grab schwieg.

Der junge Prinz gab sich ganz seinen Träumen hin und betrachtete stundenlang das Bildnis der schönen Tochter des christlichen Königs von Toledo. Er ließ also die beiden Reisegefährten um des Kaisers Bart streiten, mischte sich nicht in ihre langen Diskussionen und sorgte nur dafür, daß nicht zuviel Zeit verlorenging. So kamen sie durch die hohen Bergtäler der Sierra Morena, über die ausgedörrten Ebenen Kastiliens und der Mancha, dann den Tajo entlang, der sich durch halb Spanien und Portugal hindurchwindet. Endlich erblickten sie in der Ferne eine feste Stadt mit starken Mauern und Türmen. Sie erhob sich auf einem felsigen Vorgebirge, das weit ins Land hinausschaute und an dessen Fuß die Wasser des Tajo wild aufspritzten.

»Seht«, rief die Eule aus, »das berühmte Toledo, bekannt seiner historischen Schätze wegen. Beachtet dort die ehrwürdigen Türme und die hohen Kuppeln; der Staub von Jahrhunderten deckt sie, und reiche Sagen heiligen den Ort, an dem so viele meiner Vorfahren sich dem Studium und der stillen Meditation hingaben und noch hingeben.«

»Still und halt den Schnabel!« rief unwillig der Papagei und schnitt weitere kunsthistorische Erörterungen kurz ab.

»Was kümmern uns Altertümer, Monumente aus vergangenen Zeiten, Sagen und Geschichten von deinen Vorfahren? Sieh hinüber, dort zur Wohnstätte der Jugend und Schönheit! Das ist es, was wir wollen, denn, o Prinz, hier lebt deine lang gesuchte und so heiß ersehnte Prinzessin!«

Achmed blickte in die vom Papagei angedeutete Richtung und sah in einer herrlichen Au am Ufer des Tajos einen prächtigen Palast, der aus vielen Hunderten von Baumkronen hervorzuwachsen schien. Es war wirklich der Ort, den die Taube ihm beschrieben hatte. Klopfenden Herzens starrte der verliebte Prinz zum Schloß und murmelte leise vor sich hin: »Vielleicht lustwandelt jetzt das schöne Kind unter jenen schattigen Baumgruppen oder schwebt mit leicht beschwingtem Schritt über die kunstvolle Terrasse dort; vielleicht ruht und schlummert sie in einem kühlen Mirador des Palastes!«

Als der junge Mann allmählich wieder zu sich kam, bemerkte er voll Schreck, daß der Ansitz der Toledaner Königstochter von unübersteiglich hohen Mauern umgeben war und daß bis an die Zähne bewaffnete Soldaten ununterbrochen die Runde machten, um zu verhindern, daß jemand sich der Prinzessin nähern könne.

Als der Prinz die Lage erfaßt hatte, wandte er sich umgehend an den immer noch schwätzenden Papagei und sagte zu ihm: »Vollkommenster aller Vögel! Du hast die Gabe der menschlichen Sprache, und durch große Klugheit zeichnest du dich aus! Fliege eiligst in den Schloßgarten, suche die Abgöttin meiner Seele und sag dem schönen Mädchen, daß Prinz Achmed als Pilger der Liebe nun an die blumigen Ufer des Tajos gekommen ist, um sie aufzusuchen und sich ihr zu Füßen zu werfen.«

Stolz auf sein Amt flog der Papagei allsogleich zum Garten, schwang sich über die hohe Mauer, schwebte wie suchend eine kurze Weile über den Wiesen und Beeten und ließ sich dann rasch auf dem Balkon eines Lusthäuschens nieder, das am Flußufer stand. Neugierig schaute er durchs Fenster und sah drinnen im Zimmer die Prinzessin auf einem reichen Diwan sitzen, die Augen auf ein Stück Papier geheftet, das ihre Tränen, die langsam über ihre blassen Wangen herunterflossen, netzten.

Der Papagei putzte einen Augenblick seine Flügel, zog seinen hellgrünen Rock zurecht, richtete seine Kopfschleife in die Höhe und ließ sich mit höflichem Anstand an ihrer Seite nieder. Im zärtlichsten Ton sagte er dann: »Trockne deine Tränen, schönste aller Prinzessinnen, ich bringe dir Trost und zaubere wieder Lächeln auf deine zarten Lippen.«

Verständlicherweise erschrak die Prinzessin heftigst, als sie eine Stimme hinter sich hörte. Rasch drehte sie sich um und den grünröckigen Vogel betrachtend, der sich untertänigst verneigte, sagte sie traurig: »Ach, welchen Trost willst du mir schon bringen, du bist ja nur ein Papagei?«

Es verdroß den Papagei solche Rede, aber er schluckte seinen Ärger hinunter und sagte in schnippischem Ton: »Wisse liebes Kind, gar manche schöne Dame tröstete ich schon in meinem Leben, und mit Erfolg! Doch dies nur nebenbei, denn heute komme ich als Gesandter des königlichen Prinzen Achmed. Der künftige Herrscher von Granada weilt gegenwärtig an den blumenreichen Ufern des Tajo und will dir seine Aufwartung machen.«

Scharf blitzten die Augen der schönen Prinzessin bei diesen Worten auf und leuchteten heller als die Diamanten ihrer Krone.

»O süßester aller Papageien«, rief sie aus, »herrlich klingen in der Tat deine Nachrichten! Schwach und verzagt war ich, und die Zweifel an Achmeds Treue machten mich krank. Eile zurück und sage ihm, daß die Worte seines Briefes in meinem Herzen gemeißelt stehen und daß seine liebevollen Verse seit Monaten die geistige Nahrung meiner Seele sind, daß nur die Gedanken an ihn mich aufrecht hielten. Trage ihm aber auch auf, daß er sich umgehend rüste, denn mit der Waffe in der Hand wird er im Kampfspiel seine Liebe zu mir unter Beweis stellen müssen. Morgen an meinem siebzehnten Geburtstag veranstaltet mein Vater ein großes Turnier, an dem die besten Klingen und mutigsten Helden in die Schranken treten werden, denn meine Hand soll als Preis dem Sieger gehören.«

Der Papagei erhob sich, rauschte durchs Gebüsch und flog zum Prinzen zurück, der schon ungeduldig auf eine Antwort wartete. Groß war die Freude Achmeds, als er hörte, daß im Schloße wirklich die Prinzessin, deren Bild er im Medaillon gesehen hatte, wohne und daß sie seiner in sehnsuchtsvoller Liebe gedachte. Laut jubelte er auf, denn sein Traum war Wirklichkeit geworden. In den Freudenbecher fielen allerdings einige Tropfen bitteren Wermuts; denn das nun bevorstehende Kampfspiel machte ihm einige Sorgen, was leicht verständlich ist, wenn man bedenkt, daß er nicht von Kriegern und Rittern erzogen worden war, sondern von einem gelehrten Philosophen.

Schon sah man stahlgepanzerte Ritter den Tajo entlang und in die Stadt hinauf reiten. Hell glänzten ihre Waffen im Sonnenschein, und laut schallten die Trompeten und Posaunen der Schildknappen. Viele edle Herrschaften drängten sich durch die engen Gassen der alten Gotenstadt, und alles wollte dem Turnier beiwohnen, wo man erstmals die schöne Königstochter zu Gesicht bekommen sollte.

Die Vorsehung wollte es, daß das Geschick der beiden jungen Königskinder vom selben Stern gelenkt und beeinflußt wurde. Daher war auch die Prinzessin bis zu ihrem siebzehnten Geburtstag von aller Welt abgeschlossen gewesen, um sie so vor den gefährlichen Einflüssen einer vorzeitigen Liebe zu schützen. Dies verhinderte jedoch nicht, daß ihre Schönheit allgemein bekannt wurde und sich bereits mehrere mächtige Prinzen um sie beworben hatten.

Der König aber, ein Mann von außerordentlicher Klugheit, wollte sich der Tochter wegen mit niemandem verfeinden; er gab keinem der Freier eine eindeutige Antwort, sondern verwies alle auf das Kampfspiel und sagte, daß der Sieger die Prinzessin als Ehefrau heimführen könne. Klar, daß sich unter diesen Umständen gar mancher waffengewandte Haudegen unter den Bewerbern befand, dessen Mut bekannt und gefürchtet war. Eine wirklich unangenehme Lage für den unglücklichen Achmed, der weder mit Waffen versehen, noch in ritterlichen Übungen erfahren war.

»Oh, ich unglücklichster aller Prinzen«, rief er verzweifelt aus. »Wozu nützen mir nun Algebra und Astronomie und all die anderen Wissenschaften, die mich ein Philosoph in klösterlicher Abgeschiedenheit lehrte? Ach, Eben Bonabben, warum hast du es versäumt, mich in der Führung von Waffen zu unterweisen?«

Aufmerksam hatte die Eule zugehört, und fromm zum Himmel aufblickend, sagte sie laut dem Prinzen: »Allah akbar! Gott ist groß! Alle geheimen Dinge liegen in seiner Hand. Er allein lenkt das Schicksal von Königen und Fürsten, und kein Vogel fällt ohne seinen Willen vom Baum und aus dem Nest.«

Nach dieser religiösen Einleitung, die seinem Charakter als frommer Moslem entsprach, fuhr der Uhu fort und erklärte: »Wisse, o Prinz, daß dieses Land voll von Geheimnissen ist, die nur ganz wenige Menschen kennen, weil man dazu in der Kabbala schon sehr gut bewandert sein muß. Ich bin es, und mir ist alles erschlossen! Merke also gut auf und höre. In den benachbarten Bergen gibt es eine Höhle. Drinnen befindet sich ein eiserner Tisch, und darauf liegt eine vollständige Zauberrüstung. Auch steht seit Generationen ein verwunschenes Pferd dort, das der Spruch eines Magiers gleichzeitig mit dem Panzerkleid und den Waffen in die Grotte gebannt hatte.«

Der Prinz war außer sich vor Staunen aufgesprungen, während die Eule mit ihren großen Augen blinzelte und die gefiederten Hörner spitzend fortfuhr: »Vor vielen Jahren begleitete ich hier und da meinen Vater auf den Rundreisen durch seine Besitzungen, und wir kamen dabei auch in die erwähnte Höhle. Mehrmals übernachteten wir dort bei ansässigen Vettern und Basen, so daß ich also bald das Geheimnis kannte. Als ich noch eine ganz kleine Eule war, erzählte mir auch einmal mein Großvater, daß diese Rüstung und das gewappnete Pferd einem maurischen Zauberer gehörten, der nach der Einnahme von Toledo durch die Christen in dieser

Höhle Zuflucht suchte, hier starb und Roß und Waffen unter einem geheimnisvollen Bann zurückgelassen habe. Allein ein Maure, sagte mir mein Großvater weiter, könne den Zauber brechen, und das nur von Sonnenaufgang bis zum Mittag; jeder aber, der sich in dieser Zeit der Rüstung bediene, werde seine Gegner besiegen, wer immer sie auch seien.«

»Genug, gehen wir zur Höhle!« rief Achmed aus.

Von seinem sagenreichen Begleiter geführt, stand der Prinz bald vor der Höhle, wo einst der maurische Magier seine letzte Zufluchtstätte gefunden hatte. Sie lag in einer der wildesten Bergschluchten hinter Toledo, und den Höhleneingang konnte nur das scharfe Auge einer Eule oder der Späherblick eines Archäologen entdecken. Eine sich nie verzehrende Ölfunzel verbreitete im Innern der Grotte ein feierliches Dämmerlicht, und das Auge Achmeds mußte sich erst an die Dunkelheit gewöhnen, ehe er die sich darin befindlichen Gegenstände unterscheiden konnte. Auf einem eisernen Tisch in der Mitte der Höhle sah er die erwähnte Zauberrüstung, daneben lehnte eine Lanze, und etwas im Hintergrund stand unbeweglich ein kampfmäßig aufgezäumter Hengst, schön wie ein klassisches Standbild. Die Rüstung, der Harnisch und das Zaumzeug glänzten hell, als habe sie ein eifriger Knappe erst vor Stunden wieder einmal aufpoliert. Das Roß schien gerade von der Weide zu kommen, und als ihm der Prinz die Hand streichelnd auf den Kamm legte, da scharrte es mit den Hufen im Boden und wieherte vor Freude, daß die Wände zitterten. Im Besitz von Roß und Waffen beschloß der granadinische Königssohn, sich im bevorstehenden Turnier zum Kampf zu stellen und um die Hand der schönen Aldegunde zu werben.

Der entscheidende Morgen brach endlich an. Die Schranken für den Kampf waren in der Vega gerade unter den Felsmauern Toledos aufgestellt; rund um den Platz hatte man Bühnen und Galerien errichtet, die reichsten Teppichschmuck zeigten. Kunstvolle Baldachine aus reiner Seide spendeten Schatten und schützten die Zuschauer vor den heißen Strahlen der kastilischen Sonne. Die edelsten und schönsten Damen des Landes waren auf den Tribünen versammelt, besprachen das Tagesereignis und unterhielten sich über die Ritter, die mit Pagen und Knappen stolz den Turnierplatz überquerten; und als die Prinzen erschienen und mit geöffneten Visieren den reichen Damenflor grüßten, da hob ein allgemeines Murmeln an, ein Rätselraten, denn unter diesen Kavalieren mußte ja der künftige Gemahl Aldegundens sein, der im ritterlichen Wettstreit seine Gegner aus dem Sattel zu werfen hatte. Aber all das schien in den Schatten gerückt, als die Prinzessin selbst erschien und auf der Tribüne des Königs, ihres Vaters, Platz nahm. Alles erhob sich ehrerbietigst von den Sitzen, voll Bewunderung schwenkten die jungen Edelmänner ihre Waffen, und Barden stimmten einen Lobgesang an; denn wenn auch der Ruf von der Schönheit des Königskindes über die Mauern ihres Jungfernsitzes bis weit in fremde Lande gelangen konnte, so übertraf ihre Schönheit doch alle Erwartungen. Kein Wunder also, daß die ritterlichen Bewerber sich im Sattel zurechtsetzten, jeder seine Lanze fester faßte und die Gegner abwägend zu messen schien.

Die Prinzessin machte indessen gar keinen fröhlichen Eindruck. Ihre Wangen wurden bald rot, bald blaß, und ihre Augen streiften mit ruhelosem und unbefriedigtem Ausdruck die Reihen stolzer Ritter entlang. Schon sollten die Trompeten den Beginn der Kampfspiele ankünden, als der Herold die Ankunft eines fremden Ritters meldete, der auch noch am Turnier teilnehmen wollte. Achmed ritt in die Schranken! Alle staunten. Ein mit Edelsteinen besetzter Helm saß fest auf seinem Turban, Panzer, Harnisch und Schienen waren mit Gold ausgelegt, Schwert und Dolch stammten aus den Werkstätten in Fez, und in Scheide, Griff und Korb glänzten kostbare Diamanten. Ein runder Schild hing an seiner Schulter, und in der Hand trug er die zauberkräftige Lanze. Die prächtigen Decken, Schabracke und Schabrunke, waren reich gestickt und schleiften über den Boden, während das stolze Roß sich hoch aufbäumte, durch die Nüstern schnaubte und vor Freude laut wieherte, wieder einmal Waffenglanz zu sehen und seinen gepanzerten Ritter in reichem Waffenschmuck mit Krummschwert und Halbmond tragen zu können.

Die stolze Haltung Achmeds fiel allgemein auf, und viele Damen schauten recht huldvoll zu ihm hinunter; und als gar sein Name »Der Liebespilger« angekündigt wurde, da entstand unter den feurigen Kastilianerinnen geradezu ein Tumult, denn allzugroß war die weibliche Neugier.

Doch die Schranken blieben unserem Ritter geschlossen, denn, so sagte man ihm, nur Prinzen königlichen Geblüts dürften kämpfen. Er nannte also seinen vollen Namen, Rang und Herkunft. Aber das war noch viel schlimmer! Er war Mohammedaner und durfte somit nicht an einem Turnier teilnehmen, dessen Preis die Hand einer christlichen Prinzessin war.

Die adeligen Bewerber, aus nah und fern, umringten Achmed mit drohenden Mienen, wobei sich einer von herkulischer Gestalt durch sein unverschämtes Benehmen ganz besonders hervortat. Laut verlachte er den jungen Mauren seines zierlichen Körperbaues wegen und spottete über den vulgären Beinamen, der, wie er sagte, eines kriegerischen Ritters unwürdig sei.

Solche Beleidigungen konnte der Prinz natürlich nicht auf sich beruhen lassen. Voll Zorn forderte er den rüden Nebenbuhler zum Zweikampf heraus. Beide nahmen allsogleich Distanz, legten ihre Lanzen an und gingen aufeinander los; voll Wut der Spanier, überlegt und berechnend der Maure.

Aber schon bei der ersten Berührung mit der Zauberlanze flog der muskulöse Spötter aus dem Sattel und wälzte sich am Boden. Achmed hätte jetzt gerne innegehalten und seinem Feind versöhnend die Hand gereicht, aber er hatte nicht mit seinem Araberhengst und mit der dämonischen Waffe gerechnet, die, einmal in Tätigkeit, nicht zu zügeln waren, bis kein Gegner sich mehr blicken ließ. Das wilde Roß stürzte sich ins dichteste Gedränge, und die Lanze warf jeden zu Boden, der sich ihr in den Weg stellte. Der sanfte Prinz ritt wie toll auf dem Kampfplatz herum, schlug alles nieder, und bald lagen Ritter und Bauern, Adelige und Bürger, Knappen und Knechte auf dem Rasen und wußten nicht, wie das zugegangen war, während er voll Kummer über seine unfreiwilligen Heldentaten das höllische Roß zu zügeln trachtete. Der König raste voll Wut über die ihm angetane Schmach und, um seine Gäste und Untertanen zu rächen, ließ er umgehend seine Leibgarde ausrücken, die den Mauren gefangennehmen und bändigen sollte. Doch in wenigen Sekunden lagen auch diese Ritter besiegt und geschlagen auf dem Boden. Nun griff der König persönlich ein. Er legte seine Staatsgewänder ab, griff nach Schild und Lanze und ritt gewappnet auf den Turnierplatz, denn er wollte dem Ungläubigen schon zeigen, wie man sich am Hof eines christlichen Fürsten zu benehmen habe. Aber auch Seiner Majestät erging es nicht besser als den Höflingen und Untertanen. Roß und Lanze achteten weder Rang noch Namen, und zu Achmeds Verdruß ging sein Hengst den König scharf an, und ehe er noch richtig überlegen konnte, fiel dieser bereits aus dem Sattel, und die Krone rollte in den Staub.

In diesem Augenblick stand die Sonne auf voller Höhe; der magische Bann verlor seine Kraft, und Rüstung, Roß und Speer mußten in die Höhle zurück, wo sie seit vielen Lustren bereits gestanden hatten. Der Araberhengst durchflog die Bahn, setzte über die Schranken, sprang in den Tajo, durchschwamm dessen wilde Strömung, galoppierte mit dem atemlosen Prinzen, der sich an Kamm und Mähne festhielt, durch die Bergschlucht zur Grotte. Dort stellte er sich neben den eisernen Tisch und wurde wieder unbeweglich wie eine Bildsäule. Herzlich froh stieg Achmed ab, legte die Rüstung auf ihren Platz und lehnte die Lanze an die Wand. Dann setzte er sich auf den Boden und begann zu grübeln und zu seufzen, denn das Zauberzeug hatte ihn in eine wirklich ganz verzweifelte Lage gebracht. Niemals mehr durfte er sich in Toledo zeigen, nachdem er dessen Ritterschaft solche Schmach und dem König und Landesherrn solche Beschimpfung zugefügt hatte. Und was sollte erst die Prinzessin von ihm denken, von seinem rohen und draufgängerischen Benehmen? Voll Angst und Furcht schickte er seine beiden gefiederten Ratgeber auf Kundschaft aus, um ihm dann Nachricht zu bringen, was man in Toledo von dem Vorfall hielt. Der Papagei trieb sich auf allen öffentlichen Plätzen herum, trat in die besuchtesten Schenken Toledos und war bald wieder mit einem ganzen Sack voll Neuigkeiten beim Prinzen in der Höhle.

Ganz Toledo war bestürzt. Die Prinzessin trug man nach dem Vorfall besinnungslos in den Palast; das Kampfspiel hatte ein jähes und unvorhergesehenes Ende genommen, und alles sprach von dem plötzlichen Erscheinen, den wunderbaren Taten und dem seltsamen Verschwinden des mohammedanischen Ritters. Einige aus dem Volke erklärten ihn für einen maurischen Hexenmeister, andere wieder hielten ihn gar für einen Teufel, der menschliche Gestalt angenommen habe, und die Alten schließlich erzählten auf dem Markt und vor den Kirchen Geschichten von verwunschenen Schätzen und gebannten Kriegern, und meinten, daß es einer von diesen sein könnte, der plötzlich aus seiner Höhle hervorgekommen sei, um die ganze spanische Christenheit zu schrecken. Was man auch immer erzählen mochte, alle stimmten darin überein, daß kein Sterblicher derartige Wundertaten vollbringen und solch brave und wackere Streiter aus dem Sattel heben könne, ohne mit dem Teufel selbst oder wenigstens mit einem seiner Anhänger im Bund zu sein.

Die Eule flog des Nachts fort, flatterte durch die in Dunkelheit gehüllte Stadt und ließ sich auf Dächern und Schornsteinen nieder, um so etwas zu erfahren. Sie kam natürlich auch zum königlichen Palast, der auf felsiger Höhe über die Stadt emporragte, und stöberte dort in einsamen Zimmern, auf Zinnen und Terrassen herum; lauschte an jeder Mauerritze und Türspalte und glotzte durch die beleuchteten Fenster der Diensträume und, neugierig wie sie war, auch in die Frauengemächer, so daß beim Anblick der großen starren Augen einige der Hofdamen in Ohnmacht fielen. Als der Morgen dämmerte, kam sie endlich wieder zurück und erzählte dem hart wartenden Prinzen alles, was sie gesehen und gehört hatte.

Nach einem ausführlichen Lagebericht erzählte der Uhu schließlich: »Als ich einen der höchsten Türme des Palastes auskundschaftete, sah ich in einem schön eingerichteten Schlafzimmer die holde Prinzessin auf einem Ruhebett liegen. Ärzte und Dienerinnen, Hofdamen und Räte umgaben das Lager, doch die Königstochter wollte von ihren Diensten nichts wissen und bat alle, sie allein zu lassen und sich endlich zurückzuziehen. Als sie weg waren, sah ich, wie sie einen Brief aus ihrem Busen zog, ihn las, küßte und laut zu weinen begann. Ich muß dir ehrlich sagen, o Prinz, daß solche Klagen und solch bittere Tränen selbst mich, den ruhigsten aller Philosophen, zutiefst rührten.«

Achmeds zärtliches Herz betrübten diese Nachrichten.

»Nur zu wahr waren deine Worte, o weiser Eben Bonabben«, rief er laut aus, »Sorge und Kummer, schlaflose Nächte und heiße Tränen sind das traurige Los der Liebenden. Allah behüte die Prinzessin vor den verderblichen Folgen jenes Zustandes, den man Liebe nennt!«

Weitere Nachrichten aus Toledo bestätigten den Bericht der Eule. Die Stadt war in heller Aufregung. Die Prinzessin hatte man in den festesten Turm des Palastes gebracht, und scharfe Wachen wehrten jedermann den Zugang zur Kemenate. Krank saß indessen die arme Aldegunde in ihrem Gemach. Es hatte sich ihrer eine verzehrende Schwermut bemächtigt, deren Ursache niemand kannte. Trank und Speise wies sie voll Ekel zurück und hörte auf keines der Trostworte ihrer Umgebung. Die geschicktesten Ärzte des

Landes standen vor einem unlösbaren Rätsel und äußerten, denn irgend etwas mußten sie ja dem König sagen, daß eine Hexe ihre Hand im Spiele habe. Der besorgte Vater ließ daher öffentlich verkünden, wer seine Tochter heilen würde, könne sich als Lohn den kostbarsten Juwel aus der königlichen Schatzkammer nehmen.

Als die Eule diese wichtige Nachricht hörte, schlummerte sie gerade in einem Winkel der Höhle. Sie wurde wach, rollte geheimnisvoll ihre großen Augen und rief:

»Allah akbar! Glücklich ist der Mann, dem die Heilung gelingt; aber er muß wissen, was er aus der Schatzkammer dafür fordert!«

»Was meinst du, höchst ehrenwerte Eule?« fragte kurz Achmed.

»Höre, o Prinz, auf das, was ich dir nun erzählen will. Wie du sicherlich schon wissen wirst, bilden wir Eulen eine gelehrte Vereinigung von Forschern, die ihre Aufmerksamkeit ganz besonders den Altertümern und historischen Monumenten zuwenden. Während meines letzten Nachtfluges zu den Türmen und Palästen Toledos stieß ich ganz zufällig in einem Gewölbe des Münzturmes auf eine Akademie von weisen Eulen. Alle waren auf Numismatik, Heraldik und Kunstgeschichte spezialisiert, und man besprach mit Klugheit die Schriftarten und Zeichen an mehreren goldenen Kelchen und Reliquien, die in der königlichen Schatzkammer aufgehäuft lagen und noch von Roderich dem Gotenkönig herstammen sollen. Allgemeines Interesse erregten die mystischen Zeichen auf einem orientalischen Kästchen aus Sandelholz, denn sie waren den meisten Gelehrten unbekannt. Schon in mehreren Sitzungen behandelten die Akademiker dieses Thema, konnten sich aber trotz der gründlichsten Ausführungen von Fachleuten nicht einig werden, was wohl die kabbalistischen Zeichen darauf bedeuten mochten. Während meiner Anwesenheit erklärte nun eine alte Eule, sie war eigens zu diesem Zweck aus Ägypten dazu eingeladen worden, daß, im Einklang mit der Inschrift auf dem Kästchen, dieses das seidene Throntuch von Salomon, dem Weisen enthalten müsse, das ohne Zweifel nach der Zerstörung von Jerusalem von Juden nach Toledo gebracht worden war und aus unerklärlichen Gründen hier in einem Winkel der Schatzkammer vergessen liege.«

Als die Eule ihren wissenschaftlichen Vortrag beendet hatte, blickte der Prinz eine Zeitlang sinnend vor sich hin und sagte dann in Gedanken versunken wie zu sich selbst: »Eben Bonabben erzählte mir von den wunderbaren Eigenschaften dieses außerordentlichen Gewebes. Es war bei der Eroberung Jerusalems durch die Römer verschwunden, und man glaubte, daß dieses zauberkräftige Kunstwerk für die Menschheit verloren sei. Ohne Zweifel wissen die Christen Toledos nicht, welch Wunderstück sie ihr eigen nennen. Wenn ich in den Besitz dieses Tuches gelangen kann, dann allerdings wäre mein Glück gesichert.«

Am nächsten Morgen legte Achmed seine reichen Gewänder ab und kleidete sich in die einfache Tracht eines armen Wüstenarabers. Das Gesicht färbte er sich dunkelbraun, so daß niemand in ihm den stolzen Ritter vom Turnier erkannt hätte, der dort solche Bewunderung und auch solchen Ärger und Verdruß verursacht hatte. Einen Wanderstab in der Hand, den Reiseranzen an der Seite und im Sack eine kleine Hirtenflöte schritt er rasch auf Toledo zu. Ohne Anstand ließ man ihn durchs Tor, und er gelangte bald an die Pforte des Palastes. Dort meldete er sich beim diensthabenden Wachbeamten und sagte, daß er die Prinzessin heilen könne und die versprochene Belohnung erwarte. Ritter und Gardisten wiesen ihn aber zurück und wollten den armen Bewerber verprügeln.

»Was kann wohl ein herumstrolchender Araber helfen, wo einheimische Kapazitäten und Größen bis heute nichts ausgerichtet haben?« schrien sie derart laut, daß der König sie hörte und befahl, den Araber kommen zu lassen.

»Mächtigster König«, sagte höflich Achmed, »du hast einen armen Beduinen vor dir, der den größten Teil seines Lebens in den Einöden der Wüste verbrachte. Wie du wissen wirst, sind diese Stätten der Sammelplatz von bösen Geistern und Dämonen; auf einsamen Wachen fallen sie uns Hirten an, fahren dann zwischen die Herden, zerstreuen die flüchtigen Tiere und bringen manchmal selbst das geduldigste Kamel bis zur Tollwut. Musik ist das einzige Gegenmittel, das die Dämonen bannt. Von den Vätern her haben wir alte Weisen, die wir singen oder auf der Flöte spielen, wenn es Not tut, um die Teufel der Wüste auszutreiben und fernzuhalten. Ich gehöre einem alten Beduinenstamme an und kenne solche Melodien; wenn also deine Tochter unter dem Einfluß eines bösen Geistes steht oder gar behext wurde, dann, meinen Kopf verpfände ich dafür, kann das schöne Kind gesund werden.«

Der König, wie alle Könige ein Mann von großem Verstand, hatte bereits von solchen Wundermelodien gehört und wußte auch, daß nur ganz bestimmte Wüstenbeduinen sie beherrschten. Rasch faßte er Hoffnung, denn Achmed hatte überzeugend gesprochen, und glücklich führte er ihn in den Palast und zum hohen Turm, wo hinter verschlossenen Türen im obersten Stockwerk die Prinzessin saß und weinte. Die Fenster des Wohngemaches von Aldegunden gingen auf einen Gang hinaus, von wo man einen herrlichen Rundblick auf Toledo und die umliegenden Berge hatte. Jetzt waren Fenster und Balkontüren verhängt, denn das liebeskranke Kind konnte kein grelles Licht vertragen, zu groß war sein Kummer.

Auf dem Gang vor der Kemenate hieß man den Prinzen sich setzen und seine Kunst zu versuchen. Er zog auch gleich seine Hirtenflöte hervor und blies darauf einige wilde und feurige Araberweisen. Auf dem Generalife zu Granada hatten ihn seine Leibdiener solche Stücke gelehrt, wenn er des Lernens müde, Bücher und Papyrusrollen in eine Ecke geworfen hatte. Nervenaufpeitschend und schrill hallten die Flötentöne durch die Fenster in das Schlafgemach der Prinzessin; doch diese blieb teilnahmslos und reagierte nicht darauf. Spöttisch lächelnd schauten die gelehrten Doktoren auf den armen Araberjungen, der das zuwege bringen wollte, was sie, die Weisen des Landes, nicht geschafft hatte. Endlich legte Achmed das Instrument weg und sang nach Art der Barden einige einfache Verse voll Liebe und Zärtlichkeit. Es war der Text des Briefes, den er einstens an die unbekannte Geliebte geschrieben hatte und dessen Überbringer der arme Tauber war.

Aldegunde erkannte sofort den Inhalt des Liedes, und eine jähe Freude durchzuckte ihr kleines Herz. Sie hob den Kopf und lauschte gespannt auf Worte und Melodie; dann stürzten Tränen der Freude aus ihren Augen und liefen ihr über die bleichen Wangen, die sich schon leicht sanft röteten. Ihr Busen hob und senkte sich im Aufruhr der Gefühle, und nur allzugern hätte sie den Sänger gesehen. Doch Anstand und Scham verschlossen ihr den Mund. Der König las aber diesen Wunsch aus den Mienen seines geliebten Kindes und befahl, Achmed ins Zimmer zu führen. Geistesgegenwärtig benahmen sich die Liebenden; sie schauten sich nur in die Augen, und beide wußten gleich, wie sie sich verhalten mußten, daß niemand Verdacht schöpfe und erriete, was sie dachten. Die Musik hatte gesiegt und einen vollkommenen Triumph errungen! Pfirsichroter Schimmer legte sich auf die zarten Züge der Prinzessin; frisch leuchteten ihre Lippen, und schmachtenden Auges blickte sie versonnen und glücklich vor sich hin. Einen seidenen Überwurf streifte sie von den Schultern, denn heiß fuhr das Blut wieder durch ihre Adern.

Alle anwesenden Ärzte schauten einander erstaunt an und wußten nicht, was sie denken und sagen sollten.

Voll Bewunderung und Scheu betrachtete der König den arabischen Sänger und sagte: »Wunderbarer Jüngling! Du sollst hinfort mein Leibarzt sein, und kein Mittel will ich künftig nehmen, das nicht du mir verschrieben hast; und deine Musik soll allen helfen, wie sie meinem Kind geholfen hat. Sage mir, welche Belohnung willst du haben? Das kostbarste Kleinod meiner Schatzkammer sei dein.«

»O König«, erwiderte Achmed, »ich frage nicht nach Gold, Silber oder Edelsteinen, denn die Schätze dieser Welt sind für mich ohne Wert. Aber du hast in deiner Schatzkammer eine Reliquie aus der Maurenzeit, als diese noch in Toledo saßen; es ist ein Kästchen von Sandelholz und drinnen ist ein altes seidenes Gewebe. Gib mir dieses Kästchen mit dem Tuch, und ich bin zufrieden.«

Die Anwesenden waren von der großen Bescheidenheit des Beduinenjünglings überrascht, und ihr Erstaunen wuchs noch, als sie das Kästchen und das Gewebe sahen. Einfach war die Schatulle und einfach das Tuch. Es handelte sich um ein grünseidenes Stück Stoff, ohne besonderen Schmuck, das hebräische und chaldäische Schriftzeichen zeigte. Augenzwinkernd sahen sich die Hofärzte an und lächelten, denn zu groß war die an Dummheit grenzende Selbstlosigkeit ihres neuen Kollegen, der anscheinend nicht wußte, was er wollte.

Der Prinz schien nichts von all dem zu bemerken und sagte ernst: »Dieser Teppich bedeckte einstens den Thron Salomons des Weisen; er ist wert, daß man ihn zu Füßen des schönsten und holdesten Wesens lege.«

Mit diesen Worten breitete er ihn auf dem Balkon vor dem Diwan der Prinzessin aus, setzte sich darauf und sagte jedes Wort betonend: »Gott ist groß, sein Wille geschehe! Was im Buch des Schicksals geschrieben steht, muß sich erfüllen, und niemand kann es verhindern. Seht, die Prophezeiung der Astrologen erfüllte sich! Wisse, o König, Aldegunde und ich wollen ein Paar werden, denn wir lieben uns im geheimen schon seit langer Zeit. Schau mich nur genau an. Ich bin der Liebespilger!«

Kaum hatte Achmed diese Worte gesprochen, als sich das Tuch langsam in die Luft erhob und die beiden Liebenden davontrug. Der König, die Ärzte und Hofleute starrten ihnen nach, Mund und Augen weit aufgerissen, bis sie nur mehr ein kleiner Punkt waren, der auch bald am fernen Horizont verschwand.

Der König tobte vor Wut und ließ den Schatzmeister kommen. »Wie konnte so etwas geschehen«, schrie er ihn an, »wie konntest du einem Ungläubigen nur eine solche Kostbarkeit ausliefern?«

»Es ist ein Jammer, Majestät! Wir kannten die Wunderkraft des Stoffes nicht; niemand wußte die Inschrift auf dem Kästchen zu entziffern! Wenn es sich in der Tat um den Überwurf von Salomons Thron handelt, was ich nach der gegenwärtigen Sachlage annehme, dann können dessen Besitzer auf ihm durch die Lüfte fliegen, denn das ist seine magische Kraft.«

Der König ließ Alarm schlagen und sammelte ein gewaltiges Heer, an dessen Spitze er gegen Granada zog, um die Flüchtlinge zu verfolgen und die ihm angetane Beleidigung zu rächen. Lang war der Marsch und beschwerlich der Weg, aber endlich kam die Christenschar doch ans Ziel und schlug in der Vega ihr Lager auf.

Am nächsten Morgen schon sandte der König Herolde in die Stadt, um die Rückgabe seiner Tochter zu fordern. Der Maurenkönig ritt ihnen mit seinem ganzen Hofstaat entgegen, und zu ihrer Bestürzung erkannten sie in ihm den Sänger aus der Wüste Arabiens, der die Prinzessin erst heilte und dann entführte. Achmed hatte nämlich unterdessen nach dem Tod seines Vaters den Thron Granadas bestiegen und die schöne Aldegunde geheiratet.

Als der König von Toledo erfuhr, daß seine Tochter ihren christlichen Glauben beibehalten durfte, war er bald besänftigt und gab nachträglich zur stattgehabten Hochzeit seinen Segen; nicht daß er gerade besonders fromm gewesen wäre, aber bei Fürsten und ähnlichen Potentaten ist ja bekanntlich die Religion eine Ehrensache und Mittel zur leichteren

Handhabung des untertänigen Volkes. In Granada gab es nun statt der vorgesehenen blutigen Schlachten eine Reihe von Festen und Feiern, nach deren Ablauf der König und die Seinen recht vergnügt nach Toledo zurückkehrten, während das junge Paar glücklich weiterlebte und von der Alhambra aus weise sein Reich beherrschte.

Es wäre noch hinzuzufügen, daß die Eule und der Papagei dem Prinzen in kurzen Tagreisen einzeln nach Granada gefolgt waren. Erstere reiste bei Nacht, besuchte Vetter und Basen, durchstöberte Gehöfte, Türme und Höhlen und frischte so alte Freundschaften auf. Der Papagei wiederum machte seine Aufwartung nur in feinen Kreisen, so beim Landadel, wo er ganz besonders bei Damen großes Glück hatte.

Achmed belohnte dankbar die Dienste, die sie ihm auf seiner Pilgerfahrt geleistet hatten. Die Eule machte er zu seinem Staatskanzler und den Papagei zum Haus- und Hofmarschall. Es ist wohl nicht notwendig, ganz speziell zu vermerken, daß kein Land je weiser regiert und kein Hofstaat je prunkvoller geführt wurde, als der zu Granada zur Zeit Achmeds und Aldegundens.

Nachwort

Spanien zerfällt – dies erfährt selbst noch derjenige, der heute als Tourist das Land nur flüchtig bereist – in eine ganze Anzahl kulturell, ja auch sprachlich eigenständiger Regionen, die, zunächst nur durch die Krone und das Christentum zusammengebunden, eine Nation wurden. Da sind Kernländer, die einstmals separaten Königreiche Kastilien, Aragonien und Leon, da ist das der Mittelmeerwelt zugewandte Katalonien. Da sind im Norden das von jeher auf Selbständigkeit beharrende Baskenland sowie Galicien, wo man eine Mischsprache aus Spanisch und Portugiesisch spricht. Da ist Asturien, und da ist schließlich Andalusien.

Am längsten im Besitz der Mauren, zu jener Zeit mit einer nicht unerheblichen jüdischen Bevölkerungsgruppe, die von den Mauren toleriert, später aber von den christlich-spanischen Eroberern teilweise grausam verfolgt wurde, ist diese Region für den Märchenfreund insofern höchst interessant, da sich hier vielleicht der Schmelztiegel-Charakter Spaniens am deutlichsten offenbart. Nicht nur arabische und jüdische Einflüsse, die Aromen von Tausendundeiner Nacht und der Kabbala sind da deutlich zu verspüren und haben zunächst vor allem Fremde, man denke an den in diesem Band auch vertretenen Amerikaner Washington Irving, den Polen Jan Potocki mit seiner »Handschrift von Saragossa« oder den Franzosen Prosper Mérimée mit seiner »Carmen«, zu Sammlungen oder Nachdichtungen angeregt. Gewiß ließen sich in den Märchenstoffen und Märchenmotiven Andalusiens auch die Spuren noch früherer ethnischer Einflüsse leicht nachweisen. Man erinnere sich beispielsweise an die gotische Fürstentochter in der Legende vom arabischen Astrologen. Oder man vergleiche die andalusischen Zaubermärchen mit denen Irlands oder anderer keltischer Kulturräume in Europa. Freilich sind wohl der arabisch-jüdische Einfluß – und was die Form der »Legende« angeht, der der spanischen Christen – am stärksten spürbar.

Lange hat Spanien insgesamt keine beispielhafte Sammlung seiner Volksmärchen besessen.

Dies hat sich mit dem Erscheinen des zweihändigen von Antonym Rodriguez Almodóvar herausgegebenen und von Pepe Pla illustrierten Werkes *Cuentos al amor de lumbre* (etwa: »Märchen bestimmt durch die Liebe zum Glanz«) 1983 grundlegend geändert.

Almodóvar, 1941 geboren und aufgewachsen in Sevilla und später auf dem Lehrstuhl für spanische Literatur der sevillanischen Universität, kommt vom Strukturalismus her.

Von seiner offensichtlichen Präferenz gegenüber einer materialistisch-anthropologischen Märchentheorie ausgehend und für ein sehr frühes Entstehungsdatum der Märchen plädierend, machte Almodóvar einen Vorschlag zur Einteilung des Volksmärchens in drei große Klassen.

Als »Märchen der Wunder« oder »Märchen des Wunderbaren« definiert Almodóvar, hier an Propp anschließend, all jene Texte, in denen folgende sieben Personen auftauchen, die insgesamt mögliche Funktionen oder Teilhandlungen ausführen: der Held, der falsche Held, der Angreifer, der Schenker des magischen Gegenstandes, das Opfer, der Vater des Opfers (meist der König), die Helfer des Helden.

Die zweite der drei großen Klassen umfaßt dann die »Märchen der Sitten«, nämlich solche, »bei denen die außergewöhnlichen Elemente im Sinn des Phantastischen fehlen«.

Märchen der Sitten entwickeln ein Argument – häufig satirisch und humoristisch – innerhalb bestehender historischer und sozialer Zustände, sie entwerfen ein Bild von diesen, und häufig ein kritisches. Unter den Sitten, die sich in diesen Märchen finden, gibt es zwei Typen: archaische und moderne – wobei modern hier bedeutet, daß sie aus der Zeit der agrarischen Gesellschaft stammen.

Die Märchen der Sitten verkörperten entsprechend, also verglichen mit den Märchen des Wunderbaren, eine historisch schon fortgeschrittene Phase der Menschheitsentwicklung, und in ihrer Thematik eine Absicherung der neuen agrarischen Gesellschaftsform, während die »Märchen des Wunderbaren«, so Almodóvar, »noch eine Periode der Instabilität bei den indoeuropäischen Nomadengesellschaften und am Ende der Jungsteinzeit« widerspiegele.

Als dritte Klasse nennt, wie schon gesagt, Almodóvar schließlich »Tiermärchen«. Zu ihnen gehören nach seiner Definition all jene Märchen, die als Helden Tiere' haben, die sprechen. (Also beispielsweise auch die Handlung des »Liebespilgers«, wobei sich natürlich der Rahmen, in den der Handlungskern transponiert wird, im Laufe der Zeiten ändern kann.) Nicht zu dieser Abteilung gerechnet werden Märchen, in denen Menschen durch Zauber in Tiere verwandelt werden.

Im Verhalten der Tiere dieser Märchen spiegelt sich die *conditio humana* mehr oder minder direkt, abgeleitet von bestimmten physischen Eigenschaften des Menschen oder dessen animalistischen Komponenten.

Die Erzählstruktur dieser Märchen enthält immer zwei Hauptthemen: den Hunger und den sich am Unanständigen entzündenden Humor.

Bei Almodóvar sind die drei Klassifikationen ganz eindeutig mit anthropologischen Entwicklungsschritten verbunden: Die Tiermärchen stehen mit der Epoche der Jäger und Sammler im Zusammenhang, die Märchen des Wunderbaren mit dem Zeitraum vor der Etablierung der Landwirtschaft, die Märchen der Sitten der Epoche nach diesem tiefgreifenden Einschnitt der Menschheitsgeschichte in der Jungsteinzeit.

So interessant diese Theorie sein mag, ich habe mich bei meiner Auswahl vor allem an der Erzählfreude und dem Duft jener Aromen orientiert, die den Fremden an Andalusien bezaubern.

Die meisten tatsächlichen Märchen, die am Anfang der Sammlung stehen, sind Märchen des Wunderbaren (zum Beispiel »Blancaflor« und »Juan der Bär«).

Im mittleren Teil unseres Buches stehen Texte, bei denen es sich eindeutig um Ortssagen handelt. Wegen ihrer Bilder, Wertvorstellungen, der Möglichkeit, einige der darin erwähnten Orte auch heute noch aufzusuchen, und der für die Region bezeichnenden Handlungsabläufe durften sie in diesem Band nicht fehlen.

Den Schluß bilden einige längere Texte aus Washington Irvings *The Alhambra*.

Dieser Autor, 1738 in New York geboren, später Botschafter der Vereinigten Staaten in Madrid und erster amerikanischer Schriftsteller von Weltruf, hat in einer freien, aber, was die kulturellen Schattierungen betrifft, auch höchst einfühlsamen Art, Stoffe, die er in Andalusien, vor allem in Granada, hörte, märchenhaft, nachgestaltet. Ich habe für die Übersetzungen die zwischen 1826–38 in Frankfurt erschienene deutsche Gesamtausgabe in 74 Bänden zugrunde gelegt, aber versucht, diese vorsichtig vom Staub der Zeit zu säubern, also unserem heutigen Sprachempfinden anzupassen.

Ich denke, daß gerade in diesen Texten etwas von der fruchtbaren Begegnung verschiedenartiger Kulturen in dieser Region zu spüren ist, von dem besonderen Zauber Andalusiens, der auch den touristischen Pilger aus dem Norden an dieser Region Spaniens immer wieder fasziniert.

Regina Babatz habe ich Dank zu sagen für ein Buch über den Aberglauben Andalusiens und die daran befestigte Muschel!

Mit besonderer Zuneigung erinnere ich mich an dieser Stelle all jener spanischen Lehrerinnen und Lehrer und Bibliothekarinnen und Bibliothekare, die bei der Jahrestagung ihres Verbandes in Arenas de San Martin in den Gredos durch ihre spontanen nächtlichen Rezitationen und den »Märchenpark« für die Kinder der Umgebung mein Interesse an spanischer Folklore neu weckten. Vor allem aber danke ich Gerardo Gutierrez, Professor für psychoanalytische Theorie an der Universität Madrid, und seiner Frau, die, voller Verständnis für meine Märchenleidenschaft, mich bei einem Besuch so großzügig mit einer ganzen Märchenbibliothek beschenkten.

Frederik Hetmann

Zitierte Quellen im Nachwort
Antonio Rodriguez Almodóvar: *Los Cuentos Maravillosos Españoles*, Barcelona 1982
Die Märchenzeitung, Informationen zu Märchen, Folklore, Fantasy, »Spanien«, Heft Nr. 10, November 1988

ANHANG

*Gespräch mit der Märchenerzählerin Sigrid Früh **

Autor Frau Früh, wie sind Sie zum Märchenerzählen gekommen?

Früh Ich komme aus einer alten schwäbischen Familie, habe ein paar sehr berühmte Vorfahren, die sich literarisch betätigt haben. Ich habe eine behütete Kindheit verlebt, übrigens auch sehr viele Märchen als Kind erzählt bekommen. Dafür war ich im späteren Leben sehr dankbar. Ich habe sehr früh geheiratet. Die Ehe verlief ziemlich unglücklich. Nach meiner Scheidung habe ich dann Germanistik und Volkskunde studiert. Ich habe ein zweites Mal geheiratet. Ich habe einen Sohn. Während meiner ersten Ehe, in der ich beinahe meine Identität verloren hätte, habe ich gemerkt, wie hilfreich das Märchen für mich ist.

Autor Sie sind also nicht über das Erzählen von Märchen für Kinder zur Märchenerzählerin geworden, sondern weil Ihnen Märchen selbst eine Hilfe waren. Wollen Sie das auch anderen vermitteln?

Früh Ja, ich habe in Zürich studiert und dabei ganz bewußt den Schwerpunkt auf das Märchen gelegt.

Ich wollte danach in den Schuldienst. Ich bin ein sehr freiheitsliebender Mensch und mir wurde klar, daß ich mit meinem Temperament im Schuldienst der staatlichen Schulen nicht glücklich werden würde. Ich wollte dann Lehrerin in einer Waldorfschule werden, weil man da mehr persönlichen Spielraum hat und nicht nach so einem starren Schema unterrichten muß. Dann war in Bad Boll an der Evangelischen Akademie eine Tagung der Symbolforscher. Dorthin wurde

* aus: Frederik Hetmann: *Märchen und Märchendeutung – erleben und verstehen.* Krummwisch bei Kiel, 1999, S. 136–144.

ich empfohlen, um Märchen zu erzählen. Ich habe gedacht: Das kannst du doch nie, Mensch. Vor so einer großen Menge. Ich hatte bis dahin immer nur vor einem kleinen Kreis, vor Bekannten, erzählt. Aber ich bin dann ohne Herzklopfen nach Bad Boll gefahren. Mein Mann war für mich aufgeregt. Ich habe erzählt. Und aus dieser Veranstaltung haben sich dann all meine weiteren Einladungen ergeben.

Autor Was ist nun eigentlich eine Märchenerzählerin heute?

Früh Ich beschäftige mich mit Märchen. Ich liebe Märchen. Ich bringe anderen Menschen Märchen nahe.

Autor Wie sieht Ihre Beschäftigung mit dem Märchen aus?

Früh Es gibt Märchen bestimmter Länder, die ich besonders liebe. Beispielsweise russische Märchen. Ich befasse mich immer ganz eingehend mit der Geschichte des betreffenden Landes, auch mit seiner Kultur- und Religionsgeschichte. Gerade bei den russischen Märchen ist es meiner Ansicht nach wichtig, etwas über die verschiedenen Sekten in der russisch-orthodoxen Kirche zu wissen. Ihre Vorstellungen sind in die Märchen eingegangen.

Wenn mich ein Märchen besonders anspricht, dann erarbeite ich es mir. Wobei ich sagen muß, daß ein Märchen seine Schönheit erst als gesprochenes Wort entfaltet. Da merkt man, daß es eigentlich aus der mündlichen Überlieferung kommt.

Autor Was verstehen Sie unter »schön gesprochen«? Wir leben ja nicht mehr in einer Gesellschaft, in der mündliches Erzählen von Märchen etwas so Selbstverständliches ist, wie es das früher einmal war.

Früh Schön gesprochen habe ich nicht gesagt. Ich habe gesagt: Das Märchen entfaltet seine Schönheit beim Sprechen, im Laut.

Autor Gut, dann lassen Sie mich so fragen: Worauf legen Sie besonderen Wert, wenn Sie ein Märchen mündlich erzählen?

Früh Der Erzähler muß seine Persönlichkeit mit dem Märchen verbinden. Er muß seine Persönlichkeit mit dem Märchen zum Ausdruck bringen. Er muß sich hinter das Märchen stellen, muß sich völlig mit ihm verbinden. Nur dann erreicht er auch seine Zuhörer. Dabei, finde ich, ist es dann nicht so schlimm, wenn er den Text nicht genauso bringt, wie er im Buch steht. Im Gegenteil, wenn er zu sehr am gedruckten Text klebt, leidet meines Erachtens der Inhalt.

Autor Sie haben vorhin gesagt, Sie erarbeiten sich ein Märchen. Sieht das so aus, daß sie zunächst die Geschichte in sich aufnehmen und sich dann unter Umständen von dem schriftlich fixierten Text entfernen, daß Sie gewissermaßen bestimmte Sinnaspekte, die Ihnen besonders liegen, hervorheben, oder wie läuft das?

Früh In etwa schon so, wie Sie eben sagten. Ich will es mal an einem Beispiel erläutern. Vor noch nicht allzu langer Zeit habe ich mir ein russisches Märchen erarbeitet. Zuerst geh' ich vom Bild aus. Ich versenke mich fast schon meditativ in die Bilder. Ich begleite dann die Heldin oder den Helden auf ihrem Weg. Wenn die Handlung stockt, bleibe ich mit der Heldin oder dem Helden dort auch stehen, wo sie dann eben gerade sind.

Autor Könnte man sagen, daß Sie in die Heldin oder den Helden des Märchens hineinschlüpfen, daß Sie deren oder dessen Schicksal erzählend nacherleben?

Früh Ja, genau aus diesem Grund liegen mir auch nicht Märchen mit passiven Frauengestalten. Damit kann ich nichts anfangen. Ich könnte nie Dornröschen erzählen. Frauen in Märchen, die ich gern erzähle, sind immer solche, die ihr Schicksal selbst in die Hand nehmen, die ihren Geliebten befreien, die sich auch selbst auf die Wanderung machen. Die passiven Frauengestalten, die allerdings in den Märchen viel seltener sind als die aktiven … mit denen kann ich mich nicht identifizieren.

Autor Wie viele Märchenerzählerinnen gibt es eigentlich heute in der Bundesrepublik.

Früh Zwischen zwanzig und dreißig.

Autor Nimmt diese Zahl zu, oder nimmt sie ab?

Früh Sie nimmt zu.

Autor Unter den Märchenerzählerinnen gibt es, das klang vorhin bei Ihnen einmal an, verschiedene Auffassungen darüber, wie man erzählen sollte. Können Sie diese verschiedenen Schulen oder Stile etwas genauer beschreiben?

Früh Es gibt eine Schule, der hängen sehr viele Schauspieler an ... eine Schule, die vor allem differenziertes Sprechen praktiziert. Es wurde mir auch einmal der Rat gegeben, eine Sprecherziehung mitzumachen. Ich hatte eine gewisse Schulung in der Waldorfschule gehabt, aber eine richtige Sprecherziehung habe ich dann erst später begonnen. Da habe ich dann gemerkt, daß mein persönlicher Stil darunter leidet.

Dann gibt es viele, die gewissermaßen am Buchstaben des gedruckten Textes kleben ... besonders bei Grimm ... das ist für die schon fast eine Religion. Ein Wort anders, und man hat ein Sakrileg begangen. Das finde ich lächerlich und unmöglich. Das entspricht überhaupt nicht dem Wesen des Märchens. Märchen wurden ja beim Erzählen immer wieder verändert. Und wenn man sieht ... allein von der Zarin Frosch hat der russische Sammler Afanasev sieben verschiedene Varianten aufgeschrieben. Da ist es doch lächerlich, wenn man so am Wortlaut des Buchtextes klebt. Darunter leidet der Gehalt des Märchens. Märchen arbeiten mit einer Bildsprache. Jetzt kann ich es auch mal bildlich ausdrücken:

Dieses Kleben am gedruckten Text, das kommt mir vor, als wenn jemand bei einer Frau nur noch wahrnimmt, was für ein Kleid sie trägt, und gar nicht mehr darauf achtet, was für einen Menschen er da vor sich hat.

Autor Ich habe mündliche Erzähler in Irland und in Nordamerika gehört. Mir fällt auf, daß der Erzählstil dort ganz anders ist als hier bei uns. Mir kommt es so vor, als ob hier in der Bundesrepublik dem Märchenerzählen etwas Künstlich-Zelebriert-Weihevolles anhaftet. Ich mußte mir bei dem letzten Märchenkongreß in Bad Karlshafen, auf dem ich sechs oder sieben mündliche Erzähler aus der Bundesrepublik gehört habe, manchmal das Lachen verkneifen. Da ging das Erzählen auf Stelzen. Das wurde dann komisch. In Amerika oder in Irland war das Verhältnis zwischen Erzähler und Erzählgemeinschaft viel natürlicher. Es ging lockerer zu. Sie kennen die große alte Dame unter den deutschen Märchenerzählerinnen ...

Früh Frau Mönckeberg.

Autor Wenn man zu einer Erzählstunde von Frau Mönckeberg zu spät kommt, und man macht dabei ein Geräusch, wenn man hustet oder gähnt ... das empfindet sie als eine Störung.

Früh ... ich nicht!

Autor Bei einem irischen Erzähler ... der würde sich um so etwas auch nicht weiter kümmern, und doch hält er eine gewisse Stilisierung im Sprechen durch.

Früh Dazu kann ich sagen: Ich erzähle viel in Jugendhäusern. Da ist ein Kommen ... Gehen ist bei mir nicht, die bleiben. Aber die kommen nie so pünktlich, und wenn da noch welche dazukommen: Ich fühle mich dadurch nicht gestört. Ich warte dann, nicke dem, der da kommt zu ... und dann gehe ich mit meinem Helden weiter. Gerade bei Jugendlichen erzähle ich besonders gern, weil da meist Leben in der Bude ist. Die gehen auch mit, die scheuen sich nicht zu lachen. Versteckte Scherze, die oft in einem Märchen vorkommen, die erfassen Jugendliche oft viel rascher als Erwachsene.

Autor Würden Sie, wenn ein Märchen gedruckt vorliegt, auch eine bestimmte Stelle abändern, Gefühle verstärken, die Beschreibung der Landschaft ausmalen? Darf sich die Märchenerzählerin solche Freiheiten nehmen?

Früh Ja, ich finde, das ist legitim. Und ich muß dazu noch etwas sagen. In meinem Repertoire gibt es ein französisches

Märchen, ein Märchen aus der Gascogne. Es geht darin um einen Vater-Sohn-Konflikt. Es ist für mich interessant, wie der Sohn, der zunächst ein Taugenichts ist, sich bessert, aber immer wieder vom Vater verworfen wird. Er befreit das Land aus allen Nöten. Er bringt eine goldene Lilie, die die schwarze Pest heilt. Und nun kommt eben der Schluß in jener Fassung, die mir vorlag! Der Sohn kommt zurück. Der Vater liegt auf dem Sterbebett, er stirbt. Und ganz am Schluß heißt es: Der Sohn wurde ein gerechter und gütiger König, aber er wurde nie mehr glücklich in seinem Leben, weil sein Vater starb, ohne ihm verziehen zu haben. Da kam mir ein: Das ist überhaupt kein märchenhafter Schluß. Und ich habe mir auch gesagt: Das kannst du so nicht vor Jugendlichen erzählen, die vielleicht ähnliche Probleme haben. Du nimmst ihnen ja völlig den Mut zum Leben. Ich glaube, das ist das Wichtige am Märchen, daß es den Mut zum positiven Schluß hat, damit macht es Mut … macht auch Mut, sich zu starken Gefühlen zu bekennen. Also, ich war entsetzt. Ich habe mir überlegt: Wie sehr mir dieses Märchen auch sonst gefällt, so erzähl ich es nicht. Ich habe dann darüber nachgelesen und bin darauf gestoßen, daß dieses Märchen von einem Mann aufgezeichnet worden ist. Das hatte ich schon vermutet. Und ich glaube heute noch:

Der hatte dieses Problem mit seinem eigenen Sohn. Ich habe auch festgestellt, daß es dann noch eine Fassung von zwei Frauen gibt, die hatte der Sammler nicht gekannt. Da habe ich den Schluß abgeändert. Jawohl! Und wenn mich jetzt verschiedene Leute fressen! Ich bin auch schon beinahe deswegen gefressen worden. Ich habe dann erzählt: Der Duft der goldenen Lilienblüte war so stark, daß der König, also der Vater, wieder zum Leben erweckt wurde. Er erkannte, welches Unrecht er seinem Sohn angetan hatte, und übergab ihm den Thron. Schließlich habe ich in Frankreich ein ganz altes Märchenbuch gefunden mit der Version der beiden Frauen. In dem nun stand genau mein Schluß.

Autor Sie verändern also die Handlung unter Umständen, wenn Sie das mit Ihrem Märchensinn für notwendig erachten. Ich persönlich kann das nicht kritisieren. Wenn man sich nämlich vorstellt, daß ja Volksmärchen über vier- bis fünfhundert Jahre, und unter Umständen noch länger, mündlich weitergegeben worden sind, dann sind doch dabei gewiß auch Veränderungen vorgenommen worden, und zwar doch sowohl beiläufige wie auch ganz bewußte.

Früh Ich gehe aber bei einer solchen Veränderung ganz gewissenhaft vor. Ich ändere nicht nach Lust und Laune. In einem russischen Märchen, in dem die Heldin zu den drei Baba Yagas (Hexen) kommt, ist die erste Gabe, die sie erhält, eine Spindel, die dritte Gabe ist ein Stickrahmen. Nun war da die zweite Gabe eine Schüssel mit Eiern. Das hat mir überhaupt nicht eingeleuchtet. Die drei Baba Yagas sind nämlich die drei Muttergottheiten. Ich habe dann die zweite Gabe in einen Webrahmen umgewandelt, der von selbst einen silbernen Stoff webt. Später habe ich festgestellt, daß die Schüssel mit Eiern als zweite Gabe auf einem Übersetzungsfehler beruhte.

Autor Und wenn jetzt ein Wissenschaftler käme und Ihnen nachwiese, daß die Schüssel mit den Eiern sehr wohl einen Sinn ergibt, würden Sie Ihre Version dann zurückverändern?

Früh Nein, ich würde beim Webrahmen bleiben. Die Spindel, der Webrahmen und dann der Stickrahmen: das ist für mich der richtige Aufbau. Ich erzähle das Märchen doch, nicht der Wissenschaftler. Ich muß es nachvollziehen können.

Autor In dem, was Sie gesagt haben, sind auch schon einige Wertvorstellungen über das Märchen angeklungen. Sie haben vom Positiven gesprochen, von der Stärkung der Lebenskraft. Wenn Sie nun sagen sollten, was ist Ihrer Meinung nach die Botschaft des Märchens, was würden Sie antworten?

Früh Was mich so fasziniert am Märchen, was ich weitergeben möchte, was mir für die heutige Zeit am Märchen wichtig erscheint, wäre dies: Nicht jene, die sich ausschließlich auf ihren Verstand verlassen, erreichen ihr Ziel, sondern die, welche von der Liebe motiviert werden. Liebe hat vielfältige Gesichter. Es kann die Liebe zum Geliebten oder zur Geliebten sein, zum Vater, zum Kind. Auf alle Fälle machen sich die meisten Märchenhelden auf den Weg, weil sie von Liebe getrieben werden. Sie haben Mut zur Liebe und Mut zum Gefühl. Sie stellen dies über alles Verstandesdenken und materielle Werte.

Autor Das ist ein ganz klares Bekenntnis. Aber erzählen Sie nun vorwiegend vor Kindern oder vor Erwachsenen? Ich meine: zur Liebe gehört ja auch Sexualität. Freilich haben auch Kinder Sexualität, aber es gibt doch da Unterschiede im Vergleich mit dem Erwachsenen.

Früh Ich erzähle vorwiegend für Erwachsene und da wieder vorwiegend für Jugendliche … für junge Erwachsene.

Autor Wer lädt Sie ein?

Früh Ja, das ergibt sich durch eine Mund-zu-Mund-Propaganda. Ich habe mich noch nie um Einladungen von mir aus bemühen müssen. Ich werde eingeladen von Jugendhäusern, Schulen, Bibliotheken.

Autor Kann man in der Bundesrepublik vom Märchenerzählen leben?

Früh Ja, ich glaube schon … wenn man seine Bedürfnisse nicht so hoch ansetzt, dann kann man davon leben.

Autor Gibt es Ihrer Meinung nach in dieser Gesellschaft soziale Gruppen, bei denen ein besonders ausgeprägtes Bedürfnis nach der Art des Märchenerzählens besteht, die Sie betreiben?

Früh Es gibt auch viele Leute, die meine Art ablehnen … für die das Märchen zelebriert werden muß. Aber im übrigen sind bei meinen Zuhörern von Rockerbanden über Gymnasiasten bis zu Studenten alle sozialen Gruppen vertreten. Ich erzähle auch oft vor Strafgefangenen.

Autor Nun gibt es ja zumindest die grün getönte Alternativszene noch nicht so sehr lange. Wie war das eigentlich:

Haben Sie vor zehn, fünfzehn Jahren auch schon viel Märchen erzählt?

Früh Nein.

Autor Haben Sie jemals die Erfahrung gemacht, daß Märchen das Leben eines Menschen verändern?

Früh Ja, ich erzähle, wie gesagt, auch in Gefängnissen. Da bin ich mal hingekommen und konnte mich mit dem Psychologen, der mich eingeladen hat, vorher nicht mehr absprechen. Nun bin ich nie auf ein bestimmtes Programm festgelegt. Ich lasse mich von meinem Publikum inspirieren. Das ist dann auch meist richtig. Ich habe nun dort im Gefängnis dann ein irisches Märchen erzählt, in dem verwandelt eine Stiefmutter die Kinder in Schwäne. Da fing plötzlich eine Frau furchtbar an zu weinen. Da haben mir der Psychologe und die Vertrauensperson der Gefangenen später gesagt, daß diese Frau ein Kind umgebracht habe. Bisher sei sie überhaupt nicht ansprechbar gewesen, und sie hätten Angst gehabt, die Frau werde sich wütend auf mich stürzen. Eine Woche später hat mich der Psychologe angerufen und zu mir gesagt, er habe jetzt zum ersten Mal die Möglichkeit gehabt, mit der Frau über ihre Tat zu reden. Sie habe auch gesagt, durch das Märchen sei sie sich überhaupt erst darüber klar geworden, wie es zu ihrer Tat habe kommen können. Sie spricht jetzt öfter mit dem Psychologen darüber. Ich war jetzt wieder dort. Sie hat mich freundlich begrüßt. Sie hat mich gebeten, ich solle ihr mal schreiben.

Autor Frau Früh, wie erklären Sie sich, daß es seit den letzten Jahren ein in der Breite wirksames, immer noch zunehmendes Interesse an Märchen gibt?

Früh Einmal, weil das Märchen die einzige Literaturgattung ist, die alle sozialen Schichten anspricht. Und dann: Wir hatten davor eine Zeit, die ganz stark rational geprägt war. Wenn man sich die Geschichte anschaut … wenn etwas überzogen wird, kommt es häufig zum Ausschlag des Pendels in die entgegengesetzte Richtung. Ich glaube, wir erle-

ben jetzt eine Rückbesinnung auf das Seelische, auf die Gefühle.
AUTOR Aber wäre dann nicht das Märchen der Feind aller Rationalität?
FRÜH Nein, der Feind nicht. Gegensatz heißt nicht Feindschaft. Ich sollte vielleicht noch sagen: Auch ich persönlich beschäftige mich nicht nur mit Märchen. Ich bin gegen jede Art von Einseitigkeit.
AUTOR Ich danke Ihnen für dieses Gespräch und verabschiede mich von Ihnen mit jener Schlußformel, mit der die Märchenerzähler in Irland häufig schließen:

God bless and Joy be with thee!

Quellenverzeichnis

Blancaflor oder die Tochter des Teufels
Espinosa, Aurelio M.: Cuentos populares españoles, recocidos de la tradítión oral de España, Stanford, 1923–1926

Juan der Bär
Espinosa, Aurelio M.: a. a. O. In dieser Version aus Carmona, Sevilla

Die drei Wunder der Welt
Fernán Caballero: Cuentos, oraciones, advinanzas y refranes populares e infantiles, Leipzig 1878. Nr. 143 der Sammlung von Espinosa

Die drei Söhne des Sultans
Colleción Curiel Merchán, aufgefunden in Madroñera (Cáceres)

Der spanische Prinz
Espinosa, Aurelio M.: a. a. O. Nr. 140

Die alte Frau mit der Lampe
Nach mündlicher Überlieferung aus Andalusien

Die Padilla und Don Fadrique
Cortas, Alonso: Cuentos y Legendas de Andalucia, Sevilla 1836

Der verzauberte Feigenbaum
Nach mündlicher Überlieferung aus Andalusien

Der Weber und der Student
Nach mündlicher Überlieferung aus Andalusien

Die Nonne, die von einem Dämon besessen war
Cortar, Alonso: Cuentos y Legendas de Andalucia, Sevilla 1836

Die Abenteuer des Maurers
Die Legende von dem arabischen Astrologen
Die drei schönen Prinzessinnen
Prinz Achmed al Kamel, der Liebespilger
Alle in: Irving, Washington: The Alhambra, New York 1832. In deutscher Sprache, Gesamtausgabe in 74 Bänden, Frankfurt/Main 1826–38.

Königsfurt Märchenschätze

Hardcover in hochwertiger Ausstattung
mit Lesebändchen

EMG/C. u. Th. Bücksteeg/Heinrich Dickerhoff (Hg.)
Und meine Seele spannte weit ihre Flügel aus …
Märchen von der Seele
ISBN 978-3-898758-178-0

EMG/Harlinda Lox/Heinrich Dickerhoff (Hg.)
Märchen, an denen mein Herz hängt
Märchen-Sammmlung zum 50. Jahrestag
der EMG-Gründung
ISBN 978-3-898758-178-0

Kurt Franz/S. Ursula Tapia Guerrero (Hg.)
Deutsche Märchen aus Patagonien
ISBN 978-3-89875-187-2

Sigrid Früh (Hg.)
Sigrid Früh's Märchenschätze
Mit CD – Märchen von der Herausgeberin vorgetragen
ISBN 978-3-89875-146-9

Sigrid Früh/Wolfgang Schultze (Hg.)
Pferde-Märchen
ISBN 978-3-89875-176-6

Erik Gloßmann (Hg.)
Märchen aus Schweden
Ausgewählt und neu übersetzt vom Herausgeber
ISBN 978-3-89875-177-3